AF634507

Alexa Albrecht

Yoga und Schule

Alexa Albrecht

Yoga und Schule

Das Praxisbuch

Mit Illustrationen von Julie Thomas

Edition Forsbach

Bibliografische Information der Deutschen Nationalbibliothek
Die Deutsche Nationalbibliothek verzeichnet diese Publikation in der Deutschen Nationalbibliografie; detaillierte bibliografische Daten sind im Internet über http://dnb.dnb.de abrufbar.

Edition Forsbach
Bücher mit Herz

www.edition-forsbach.de
4. Auflage, Bamberg 2024

Illustrationen: Julie Thomas
Covergrafik: Tim Gouder
Autorenbild: © Andreas Endermann
Abbildungen: S. 52 © Jenny Sturm, Adobe Stock, S. 145 © Ulrike Bayer, S. 49, 63, 65, 67, 129 © Alexa Albrecht

In diesem Buch verwenden wir in der Regel nur die (neutrale) männliche Form, ohne dass wir damit jemanden ausschließen möchten.

Druck und Bindung: CPI Druckdienstleistungen GmbH
Ferndinand-Jühlke-Str. 7, 99059 Erfurt
Printed in Germany
ISBN 978-3-95904-185-0 (Print)
ISBN 978-3-95904-186-7 (E-Book)

Wir sind nicht menschliche Wesen, die

eine spirituelle Erfahrung machen.

Wir sind spirituelle Wesen, die

eine menschliche Erfahrung machen.

Pierre Teilhard de Chardin (1881-1955)

Inhalt

1

Yoga gehört in die Schule!

Yoga gehört in die Schule!

Erziehung ist nicht das Auffüllen eines Eimers, sondern das Entfachen des Feuers.

William Butler Yeats

Während meiner Tätigkeit als Gymnasiallehrerin mit Korrekturfächern habe ich vor gut zehn Jahren in Australien an der German International School in Sydney gearbeitet und dort eine Lehrerfortbildung zum Thema „Yoga in der Schule“ absolviert.

Seitdem unterrichte ich täglich zu Beginn jeder einzelnen Unterrichtsstunde fünf Minuten Yoga in der Schule und habe sehr großen Erfolg mit diesem Konzept.

Ich bin auch Yogalehrerin und habe diverse Yogaausbildungen absolviert. Aber bei zahlreichen von mir geleiteten Lehrerfortbildungen habe ich erkannt, dass es in der Schule nicht zwingend notwendig ist, auch Yogalehrer zu sein. Somit ist es jedem Lehrer möglich, zu Beginn des Unterrichts ein paar einfache Yogaübungen anzuleiten und damit für mehr Ruhe im Klassenzimmer zu sorgen, ohne die Stimme erheben zu müssen.

Dabei möchte ich gar nicht so weit gehen, Yoga in der Schule als eigenes Fach anzubieten, was natürlich auch denkbar wäre und in manchen Schulen durchaus schon zu finden ist.

Mir geht es zunächst einmal darum, die Methode an sich im Schulalltag zu integrieren. Auch im Hinblick auf die Curricula ist immer noch genug Zeit, mit fünf Minuten zu Beginn jeder Stunde dafür zu sorgen, dass es dem Lehrer und den Schülern in einer Atmosphäre gegenseitigen Respekts gut geht.

Die Zeit, die ohne Reglementierungen eingespart wird, kann somit vielfach wertvoll genutzt werden. Noch dazu stärkt die regelmäßige Bewegung das Immunsystem und verbessert die Widerstandskraft. Gute Laune und Entspannung stellen sich unmittelbar spürbar ein.

Mehr Ruhe und Entspannung in nur fünf Minuten!

Das Rezept ist denkbar einfach: Durch die gemeinsamen Übungen zu Beginn des Unterrichts im Stehen entsteht eine Solidarität unter den Schülern und eine auf Vertrauen basierende Verbindung zum Lehrer. Dadurch wird der Zusammenhalt der Klasse gestärkt und die Schüler achten mehr aufeinander.

Das geht weit hinaus über den Unterricht, in dem die Yogaübungen stattfinden. Mit einem Mal schneiden die Klassen, in denen Yoga unterrichtet wird, in allen Bereichen besser ab. Sie zeichnen sich aus durch mehr Disziplin und Ausdauer, beispielsweise im Sportunterricht, mehr Empathiefähigkeit, mehr Respekt gegenüber den Kollegen, mehr Fleiß und Engagement und insgesamt ein besseres Klassenklima.

Ein Praktikant hat im Rahmen seiner Bachelorarbeit sogar wissenschaftlich nachgewiesen, dass die sogenannten „Yogaklassen", in denen ich unterrichtet habe, wesentlich weniger „störanfällig" sind und sich durch eine besonders hohe Sozialkompetenz auszeichnen. Proportional mit den Yogaübungen, die in einer Klasse durchgeführt werden, sinken die Unterrichtsstörungen in allen Klassenstufen signifikant. Dieses wirkt sich dann wiederum positiv auf die gesamte Unterrichtsatmosphäre und somit natürlich auch auf den Lehrer aus.

Generell stellt der Lehrerberuf eine Berufsgruppe dar, in der das Krankheitsbild des Burnout außerordentlich verbreitet ist. Erst wenn es dem Lehrer gelingt, täglich aktiv Selbstfürsorge in seinem Berufsalltag zu betreiben, kann die Gefahr eines Burnouts minimiert werden.

Es ist wissenschaftlich erwiesen, dass sich auch hierfür Yogaübungen eignen, die der Lehrer gemeinsam mit den Schülern durchführt. Auf diese Weise sind Lehrer und Schüler gleichermaßen entspannt und fokussiert auf die eigentlichen Unterrichtsinhalte. Und es funktioniert immer!

Dieses Buch enthält daher auch zahlreiche Selfcare-Tipps für Lehrer und andere Menschen, die in gebenden Berufen tätig sind und vor Menschen reden und präsent sein müssen.

Denkbar ist es zum Beispiel, Seminare, Sitzungen und Besprechungen im Stehen und mit ein paar Yogaübungen zu beginnen. Der Effekt: Alle Beteiligten sind entspannter, aufmerksamer, friedlicher, fokussierter und jede Sitzung ist somit automatisch erfolgreicher. Der Erfolg spricht für sich und ist auch in Zahlen messbar.

Yoga ist keine Frage des Alters, Yoga in der Schule ist für alle Altersgruppen und Schulformen geeignet.

Sogar zu Zeiten von Homeschooling hat sich mein Konzept, Yoga in der Schule zu unterrichten, außerordentlich bewährt. Zu Beginn war ich etwas zurückhaltend, doch schon bald beschwerten sich die Schüler über Augen-und Rückenschmerzen. Sie waren es nicht gewohnt, jeden Tag sechs Stunden vor dem Computer zu sitzen.

Also habe ich wie sonst auch in der Schule ein paar Minuten investiert, um die Schmerzen zu lindern. Besonders die Augen-und Rückenübungen kamen den Schülern dabei zugute. Sie finden sich im Kapitel weiter hinten.

Was ist Yoga?

Das Wort „Yoga“ ist mittlerweile in aller Munde, lange schon heraus aus der esoterischen Ecke und längst mitten in der Gesellschaft angekommen, leider nur in der Schule noch nicht so, wie es wünschenswert und nötig wäre. Dabei kommt Yoga nicht nur aus Indien, sondern wird dort auch ganz selbstverständlich in vielen Schulen unterrichtet.

Das ist kein Zufall, denn dieser Übungsweg, der aus Körperübungen, Atemlenkungen, Reinigungstechniken, Konzentrationsübungen und Meditationen besteht, hat als höchstes Ziel die Selbstverwirklichung und die Entwicklung des eigenen Potentials. Nichts anderes wünscht sich die Schule: dass Schüler ihre Talente entdecken und leben.

Yoga meint also eine Vereinigung oder Verbindung von Körper, Geist und Seele. Es kommt von dem Sanskritwort „yui“ und meint „Anjochen“, also in Kontakt treten mit seinem Körper und somit auch mit sich. Durch die Bewegungen und die Körperarbeit wird der Geist still. Erst wenn wir in Kontakt mit uns sind, gelingt es uns, aufmerksam zu sein und fokussiert den Dingen folgen zu können, in diesem Fall: den Unterrichtsinhalten. Dies gilt für den Lehrer gleichermaßen wie für die Schüler. Ein Lehrer ist nur so gut, wie seine Konzentration es ihm erlaubt. Der Lehrer lebt den Schülern seine Art des Umgangs mit den Unterrichtsgegenständen vor. Je konzentrierter der Lehrer ist, desto konzentrierter und erfolgreicher ist die Klasse.

Heutzutage fühlen sich viele Lehrer den Anforderungen des Lehrberufes nicht mehr gewachsen. Wie in fast allen Berufsgruppen sind diese in den letzten Jahren enorm gestiegen. Ein Lehrer ist gleichzeitig Manager, Sozialarbeiter, Erzieher, Wissensvermittler, für manche auch einfach nur Dienstleister. Gerade junge Lehrer sind bei ihrem Einstieg in den Beruf häufig sehr engagiert und motiviert, bis sie feststellen, dass ihre Arbeit häufig sisyphosähnliche Züge hat, der Einsatz eigentlich nie reicht und auch die Anerkennung häufig ausbleibt. Was dann bleibt, ist die totale Kapitulation oder eine unbewusste Vorwurfshaltung den Schülern gegenüber, die dann die Leidtragenden sind. Diesen Teufelskreislauf zu durchbrechen ist in der Tat eine große Herausforderung.

Yoga kann auch hier Abhilfe schaffen. Das Konzept des Yoga ist ein ganzheitliches, das nährt und stärkt und die Menschen dort abholt, wo sie sind. Durch die vielen Bewegungen zu Beginn jeder Unterrichtsstunde bemerkt der Lehrer eine körperliche Veränderung.

Die Atemfrequenz verändert sich und wird tiefer. Nur weil wir im Alltag häufig zu flach atmen, fühlen wir uns gestresst, weil das Energieniveau mit einem zu flachen, angehaltenen Atem sinkt.

Unmittelbar nach den Übungen fühlt sich der Lehrer dann genauso entspannt wie die Schüler. Die Entspannung des Lehrers und das Gefühl, etwas Gutes für sich und seinen Körper getan zu haben, statt wie ein Roboter einfach nur zu funktionieren, übertragen sich auf die Schüler. Die Verbindung von Lehrer und Schüler ist auf energetischer Ebene hergestellt und bietet nun den Nährboden für effektives, respektvolles gemeinsames Arbeiten.

Wie wirkt Yoga?

Die Wirkung von Yoga besteht aus einem Wechselspiel, das gleichermaßen auf physischer und mentaler Ebene stattfindet und sehr schnell spürbar ist. Unser Körper besitzt einen großen Speicher an Prana, der universellen Lebensenergie. Wie wir uns fühlen, körperlich, geistig und emotional, hängt davon ab, wie frei diese Energie fließt. Mit Hilfe von Yogaübungen können wir lernen, auf die Energien unseres Körpers Einfluss zu nehmen.

Auf der physischen Ebene arbeitet Yoga muskulär, am Nervensystem, an Herz-und Kreislauf, am Atemsystem sowie an der Verdauung. Die Veränderungen auf körperlicher Ebene sind unmittelbar erfahrbar. Daher reichen bereits fünf Minuten zu Beginn des Unterrichts, um eine Veränderung des gesamten Energiehaushalts wahrnehmen zu können. Diese Veränderungen wirken sich dann wiederum auf die mentale Ebene aus. Man entwickelt ein besseres Körpergefühl, ist weniger ängstlich, weniger gestresst, kann besser mit Herausforderungen umgehen, entwickelt ein besseres Selbstwertgefühl und auch die Konzentrationsfähigkeit steigt.

Durch die bei den Übungen erfahrene Ruhe wird der Alltag als weniger stressig wahrgenommen, da man mehr Energie zur Verfügung hat. Die Situation des Alltags mit all seinen Herausforderungen, gerade in der Schule, ändert sich indes wohlgemerkt nicht. Weiterhin ist die Schule ein Raum, in dem konstant der „Ausnahmezustand" einer sonst üblichen Kommunikationssituation herrscht. Man muss über Stunden permanent auf allen Kanälen ansprechbar sein und ununterbrochen auf zahlreiche Impulse von außen reagieren. Doch die Wahrnehmung verändert sich. Durch die konsequente Yogapraxis wird es möglich, anders mit diesen eigentlich unnatürlichen Kommunikationssituationen in der Schule umzugehen.

Gerade in diesem digitalen Zeitalter, in dem wir uns befinden, nehmen neben allen bereits erwähnten Anforderungen auch die technischen Herausforderungen ständig zu. Die Aufmerksamkeitsspanne der Kinder verringert sich permanent, wie ich im Laufe meiner vielen Dienstjahre beobachten konnte. Dinge werden nicht mehr ins Langzeitgedächtnis befördert, die Vergesslichkeit ist enorm und zeigt sich in vielerlei Hinsicht.

Die Fähigkeit, sich länger konzentriert mit einem Gegenstand auseinanderzusetzen, verliert zunehmend an Reiz. Grund hierfür ist häufig schlicht die Unfähigkeit, sich zu konzentrieren. Multitasking verlangt seinen Tribut. Gleichzeitig jedoch steigt die Sehnsucht der Kinder und auch der Erwachsenen, sich besser konzentrieren zu können. Die Schüler leiden unter ihrer eigenen Vergesslichkeit und ihrem Unvermögen, sich zu konzentrieren.

Viele Schüler beklagen, dass sie sich trotz stundenlanger Auseinandersetzung mit Vokabeln nichts merken können. Daher lieben sie meistens die Yogaübungen in der Schule. Sie merken, dass Yoga ihnen hilft, mit sich in Kontakt zu kommen, sich besser zu konzentrieren und nicht, wie manche mutmaßen, weil die Schüler in dieser Zeit keinen Unterrichtsstoff zu bewältigen haben.

Manchen Schülern ist es phasenweise peinlich, sich an dem Yogaritual zu beteiligen, manche fühlen sich zu cool, manche haben körperliche Einschränkungen. Auf diese Schwierigkeiten gehe ich in diesem Buch noch ein.

Und speziell für diese Fälle gebe ich im Folgenden Tipps und Tricks, wie man im Schulalltag angemessen damit umgehen kann, wenn einzelne Schüler für sich eine Sonderrolle einnehmen wollen. Generell aber habe ich in all den Jahren noch nie erlebt, dass es ernsthafte Schwierigkeiten gab, denn eigentlich handelt es sich lediglich um fünf Minuten zu Beginn einer Stunde, die zu bewältigen sind und die doch ein ganzes (Arbeits- und Schüler-)Leben verändern können.

Tatsächlich werden über die Bewegungen und die Körperarbeit Qualitäten sensibilisiert, die in der Schule Mangelware geworden sind, worunter Lehrer, Eltern und Schüler gleichermaßen leiden. Daher auch der Ruf von allen Seiten, mehr Yoga in die Schulen zu bringen. Es geht nicht darum, das digitale Zeitalter zu verpönen oder sich nach den „guten alten Zeiten" zu sehnen, sondern einen Weg zu finden, adäquat mit den aktuellen Herausforderungen unseres digitalen Zeitalters in der Schule umgehen zu lernen.

Durch die rituellen Bewegungsübungen zu Beginn jeder Unterrichtsstunde lernen die Schüler allmählich, ihre Körperhälften und somit auch die Gehirnhälften zu koordinieren.

Es ist in der Tat auffällig, wie viele Schüler Probleme mit Koordinationsübungen und auch mit Dehnübungen oder einfachen Anweisungen wie links/rechts haben. So wird nicht nur die Konzentrationsfähigkeit nach und nach gesteigert, sondern auch der Gleichgewichtssinn gefördert und die Wahrnehmung verbessert. Insgesamt wird also ein Benefit für den gesamten Organismus erreicht, und dieses gleichermaßen auch für den Lehrer, weshalb sich automatisch die Lehrergesundheit erhöht.

Im Yoga gibt es keinen Leistungsdruck und kein Konkurrenzdenken. Daher entwickelt sich durch das Yoga automatisch die Fähigkeit des sozialen Miteinanders. Der Gemeinschaftssinn wird gestärkt, der Klassenzusammenhalt gefördert und die Empathiefähigkeit steigt.

Besonders Schüler, die sonst durch starke Nervosität auffallen, profitieren von den Übungen zu Beginn und fallen meist im weiteren Unterrichtsgeschehen, wenn überhaupt, erst gegen Ende der Stunde wieder auf. Die ohnehin konzentrierten Schüler profitieren ebenfalls, da sich ihre Aufmerksamkeit noch weiter steigert und sie schneller Zugang zu ihrem Potential entfalten können.

Kinder erforschen jeden Tag, wer sie sind, und Yoga kann ihnen dabei helfen, ihren Körper wirklich zu bewohnen, sich authentisch auszudrücken und für ihre Bedürfnisse einzustehen.

Yoga stärkt den Mut und das Selbstbewusstsein und verringert Ängste, die mittlerweile immer mehr Schüler an den Tag legen. Schon in der Grundschule ist der Druck auf die Schüler, möglichst eine Empfehlung für den Besuch des Gymnasiums zu bekommen, enorm. Bei den älteren Schülern führen die ständigen

Vergleiche bei Instagram oder Snapchat zu einem Problem, wenn die Zahl der Follower, die anscheinend die Beliebtheit einer Person dokumentieren, wichtiger wird als die der realen Freunde, und wenn sie Freundschaften eher in der virtuellen Welt leben als in der realen.

Der Leistungsdruck ist ebenfalls für viele Schüler zu einer großen Herausforderung geworden. Und natürlich auch die ganze Ablenkungsindustrie mit zahlreichen Computerspielen und anderen elektronischen Verführungen, die die Aufmerksamkeit der Schüler bündeln.

Durch Yoga verlieren diese Ablenkungen eine Weile an Bedeutung, wenn die Aufmerksamkeit ganz bei sich und seinem Körper ist. Und was noch wichtiger ist: Die Schüler fühlen sich wirklich gesehen!

Yoga ist ein sehr einfacher und kostengünstiger Weg, den Schülern und Lehrern gleichermaßen ein Handwerkszeug für das gesamte Leben mitzugeben.

Wenn es einmal im Alltag durch die täglichen Begrüßungsrituale integriert ist, kann es ein Leben lang zu gesunden körperlichen Gewohnheiten beitragen und als veritabler Bewältigungsmechanismus in schwierigen Lebenslagen dienen.

Einfach erst einmal tief durchatmen und innehalten, neu betrachten, reflektieren, neue Handlungsstrategien erproben und dabei gesund bleiben.

Somit kann Yoga Schülern und Lehrern gleichermaßen helfen, zu einfühlsameren, achtsameren und glücklicheren Menschen zu werden.

Yoga in der Schule hilft,

- **Stress durch Bewegung, Atmung, Achtsamkeit und / oder Meditation zu überwinden,**
- **ein besseres Körpergefühl zu entwickeln,**
- **die Konzentrationsfähigkeit zu fördern und zu steigern,**
- **auf gesunde Weise mit dem eigenen Körper umzugehen,**
- **das Vertrauen in sich selbst zu stärken und ein positives Selbstbild zu entwickeln,**
- **elektronische Geräte zumindest eine Weile aus der Hand zu legen.**

Der beste Weg, Yoga zu erfahren, ist jedoch tatsächlich, Yoga zu praktizieren – am besten täglich. In der Schule am besten zu Beginn jeder einzelnen Unterrichtsstunde als festes Begrüßungsritual. Dazu genügen schon ein paar Übungen, um in kurzer Zeit zu mehr Entspannung, Energie und Ruhe zu kommen. Dies stärkt die Resilienz, setzt Kreativität frei und ist das beste Mittel gegen Müdigkeit, Erschöpfung und Burnout, auch schon bei Kindern und Jugendlichen. Je mehr Energie zur Verfügung steht, desto erfolgreicher verläuft die schulische Entwicklung.

Der richtige Zeitpunkt und Ort für Yoga in der Schule

Fünf Minuten

Schon fünf Minuten zu Beginn einer Unterrichtsstunde steigern die Konzentration und die Aufmerksamkeit. Als Belohnung nach einer erfolgreichen, intensiven Arbeitseinheit sind auch fünf Minuten am Ende einer Unterrichtsstunde denkbar.

Vor jeder Stunde

Es bietet sich an, zu Beginn jeder Unterrichtsstunde ein paar Yogaübungen mit der Klasse zu praktizieren, ohne verbal darauf einzugehen. Die Schüler merken selbst nach einer Weile, dass es sich um eine besondere Form der Gymnastik handelt und nennen es bald selbst „Yoga".

Auch bei Doppelstunden ist die Methode geeignet, für mehr Entspannung zu sorgen. Dabei sollten Sie darauf achten, dass die Übungen das Eingangsritual etwas abwandeln. Denkbar ist bei interessierten Schülern auch die Fünf-Minuten-Pause. Generell gilt: Je öfter, desto besser und auf jeden Fall sollte es als festes Ritual in den Schulalltag eingebaut werden. Kinder lieben Rituale! Und dann fordern sie die Yogaübungen schnell von alleine ein.

Sogar auf Klassenfahrten konnte ich erleben, wie sich Schüler Yogaübungen gewünscht haben oder gar mit mir in einen „Yoga Ashram" auf Klassenfahrt fahren wollten, wie es damals in Australien möglich war. Die dortige Schullandschaft ist verglichen mit unserer recht fortschrittlich, insbesondere die „Yoga Ashrams", eine Art Camp für Kinder und Erwachsene, die spielerisch an Yoga heranführen und mit ganzheitlichen pädagogischen Konzepten überzeugen.

Als sportliche Aktivität

Yogaübungen eignen sich als sportliche Aktivität auch vor und nach der Schule, während der Pause und natürlich im Ganztagsbereich. Auch der gemeinsame Besuch eines Yogastudios ist durchaus denkbar. Jeder Ashram und jedes Yogastudio hat eine Verhaltensetikette, die den Hausordnungen vieler europäischer

Schulen ähnelt. Dazu kommt jedoch immer auch die Komponente der Achtsamkeit, des bewussten Schweigens und Innehaltens. Temporärer Handyverzicht und aufeinander zu achten ist selbstverständlich und für Schüler ein guter Übungsweg.

Meditation

Meditation wirkt am besten morgens, wenn der Geist noch wach ist. Am Anfang oder Ende einer Unterrichtsstunde bietet sich auch eine Fantasiereise an, damit sich Körper und Geist regenerieren können.

Meditation funktioniert am besten mit geschlossenen Augen, und daher braucht es ein gutes Vertrauensverhältnis zwischen Lehrer und Schüler, bevor dies möglich ist. Auch muss man sensibel darauf achten, dass aus unterschiedlichen Gründen nicht alle Schüler die Augen schließen werden – und das ist in Ordnung. Diesbezüglich sollte der Lehrer die Schüler niemals reglementieren, sondern die Entscheidung des Schülers stets respektieren.

Generell ist Yoga nach einer Mahlzeit eher schwierig. Es sollte immer erst eine Stunde nach einer Mahlzeit Yoga praktiziert werden.

In der Vertretungsstunde

Vertretungsstunden werden von Lehrern meistens als zusätzliche Belastung empfunden, insbesondere die sogenannten „ad hoc"-Vertretungen, bei denen häufig kein Vertretungsmaterial vorliegt und der Lehrer mit dem Einspringen in die Stunde meistens überrascht wird. Wenn der Lehrer die Klasse noch dazu nicht kennt und auch nicht die Namen der Schüler, kann das schon mal ziemlich anstrengend werden.

Vor etlichen Jahren hatte ich in einer mir unbekannten neunten Klasse mein Aha-Erlebnis. Einer Eingebung folgend begrüßte ich die Schüler im Stehen und praktizierte eine längere Asana-Sequenz mit den Schülern. Den „Coolen", die zu Beginn noch stören wollten, drohte ich Strafmaßnahmen an. Daraufhin machten sie bereitwillig mit. Zwar mit einem peinlich berührten Grinsen, aber sie hielten durch. Im Anschluss führte ich in Ermangelung von Vertretungsmaterial eine längere Fantasiereise mit den Schülern durch und zum Abschluss sogar eine kleine Meditation.

Nach der Vertretungsstunde mit mir völlig unbekannten Schülern kam jeder einzelne Schüler an meinem Pult vorbei und bedankte sich.

Das war die wertvollste, schönste Vertretungsstunde meines Lebens und sicher auch der Schüler, weil wir gemeinsam etwas für unsere Gesundheit – gleichermaßen für die der Schüler wie die der Lehrerin – getan hatten.

Als Arbeitsgemeinschaft

Am häufigsten findet man in den Schulen derzeit Yoga-Arbeitsgemeinschaften, kurz AGs. Dabei handelt es sich meistens um ein oder zwei Stunden Yoga wöchentlich im Nachmittagsbereich, die häufig von Kollegen mit einer Yogaausbildung oder Sportlehrern mit Zusatzausbildung durchgeführt werden. Zu den Gestaltungsmöglichkeiten einer AG komme ich später in einem eigenen Kapitel.

Auch als Teil des Sportunterrichts ist Yoga denkbar, und besonders wünschenswert wäre es tatsächlich, Yoga als festen Bestandteil jedes Schulcurriculums vorzufinden.

Im Klassenraum

Der Klassenraum, der Schulhof, die Aula, die Sporthalle, der Online-Unterricht – Yoga geht überall!

Die Schüler stehen an ihrem Platz oder legen bei Fantasiereisen ihren Kopf auf den Tisch beziehungsweise auf ihre Arme, oder sie falten mit ihren Jacken und Pullovern ein Kissen.

Auch während des **Online-Unterrichts** kann man Yoga mit den Schülern durchführen. Dabei sollte man jedoch zunächst die Übungen praktizieren, die die Schüler schon kennen, um etwaigen Verletzungen vorzubeugen.

Seit der Entwicklung der Pandemie ist Online-Yoga sehr populär geworden. Doch die Gefahr von Verletzungen ist bei weniger Geübten groß. Das mag vor allem an der geringeren Achtsamkeit zu Hause liegen oder auch an der geringeren Möglichkeit, Korrekturen anzusagen, weil man auf dem Bildschirm eben doch nicht immer alle Schüler sieht.

In der Pause eignet sich Yoga auf dem Schulhof, und im Ganztagsbereich bietet sich die Sporthalle an, sofern die Schule nicht über einen Yogaraum verfügt.

Auf einen Blick

Schon fünf Minuten Yoga zu Beginn oder am Ende einer Stunde steigern die Konzentration und die Aufmerksamkeit.

Im Klassenraum: Die Schüler stehen an ihrem Platz oder legen bei Fantasiereisen ihren Kopf auf den Tisch.

Meditation wirkt am besten morgens, wenn der Geist noch wach ist.

Am Ende eines Tages bietet sich eine Fantasiereise an, damit sich Körper und Geist regenerieren können.

Yoga ist nach einer Mahlzeit eher schwierig. Es sollte immer erst eine Stunde nach einer Mahlzeit Yoga praktiziert werden.

Der Klassenraum, der Schulhof, die Aula, die Sporthalle – Yoga geht überall!

Verhaltenskodex

Bei den Übungen sollte der Lehrer stets darauf verzichten, die Schüler anzufassen, um sie in ihren Yogahaltungen zu korrigieren.

Vielmehr sollte es das Ziel sein, Anweisungen so konkret und präzise zu formulieren und vorzumachen, dass alle Schüler in ihrem Ermessen und Bewegungsspielraum den Anweisungen folgen können.

Alles andere käme einer Grenzüberschreitung nahe, und das genau will man im Yoga nicht. Die Grenze des anderen wird auf allen Ebenen respektiert.

Perfektionismus hat im Yoga nichts zu suchen. Jeder Schüler übt die Übungen so aus, wie es ihm möglich ist.

Grundsätzlich geht es weniger um die perfekt ausgeführte Yogaübung, sondern um die Bewegung, Konzentration und Anstrengung an sich.

Es ist nicht wichtig, wie es aussieht. Es ist wichtig, wie sich die Übungen anfühlen und was sie bewirken. Und es wirkt immer!

Yoga nach Patanjali

Der Verhaltenscodex spiegelt sich auch in den grundlegenden Yoga Sutras nach Patanjali. Sie stammen aus Überlieferungen, die zwischen dem 2. Jahrhundert vor Chr. und dem 4. Jahrhundert nach Chr. von Patanjali aufgezeichnet wurden.

Die Vielfalt der Yogaschulen und Yogarichtungen, die sich im Laufe der Jahrhunderte entwickelt haben, gehen auf diese ältesten Quellen zurück. Die Yoga Sutras sind nur noch mit der Bhagavadgita, der zweiten heiligen Schrift der Inder oder mit den Lehrreden Buddhas vergleichbar.

Dieser von Patanjali entwickelte „königliche Pfad" des Yoga weist schrittweise den Weg zur vollkommenen inneren Befreiung durch rechtes Handeln. Am bekanntesten ist der achtgliedrige oder achtstufige Yogaweg, den Patanjali beschreibt.

Dazu gehören äußere und innere Disziplin (Yamas und Niyamas), Körperhaltung, Atemregelung, Zurückhalten der Sinne, Konzentration, Meditation und Versenkung als die zentralen acht Aspekte des Yoga.

In Yoga Sutra 1.2 spricht Patanjali von „Yogah cittavritti nirodah", was übersetzt etwa bedeutet, dass Yoga einen überaktiven Geist zu beruhigen vermag.

Nicht umsonst bilden die ersten beiden Disziplinen, die Yamas und Niyamas, die ersten beiden Stufen des achtgliedrigen Übungsweges. Im klassischen Yoga gelten sie als Basis der gesamten Yogapraxis: ohne Ethik kein Yoga.

Auch aus diesem Grund ist Yoga in der Schule genau richtig. Die Schüler lernen ganz nebenbei, allein durch die rituellen Bewegungen, eine richtige Haltung einzunehmen. Denn sie lernen schon bald, wie sich auch die Gesinnung verändert, wenn der Geist zur Ruhe kommt. Viel schneller kann man bei regelmäßiger Yogapraxis wahrnehmen, was gut tut und was nicht.

Die Yamas stellen die Regeln für gutes Handeln dar, während die Niyamas die Regeln für eine gute Praxis abbilden.

Yamas und Niyamas

Die Yamas und die Niyamas aus dem Yogasutra des Patanjali bilden die ersten beiden Stufen des achtgliedrigen Übungsweges. Im klassischen Yoga gelten sie als die Basis der gesamten Praxis – ohne Ethik kein Yoga!

Yamas – „Zügelungen": Regeln für gutes Handeln

1. Ahimsa – Nicht-Verletzen, Nicht-Schädigen, Gewaltlosigkeit
2. Satya – Wahrhaftigkeit, Ehrlichkeit
3. Asteya – Nicht-Stehlen, im weiteren Sinn Nicht-Begehren
4. Brahmacharya – Sexuelle Enthaltsamkeit oder allgemein Maßhalten
5. Aparigraha – Nicht-Besitzergreifen, Nicht-Horten

Niyamas – „Disziplin": Regeln für eine gute Praxis

1. Sauca – Innere und äußere Reinheit oder Reinigung
2. Samtosha – Zufriedenheit, Genügsamkeit oder Gleichmut
3. Tapas – Askese oder Feuereifer in der Praxis
4. Svadhyaya – Eigenes Studium oder Selbsterforschung
5. Ishvara Pranidhanaa – Hingabe an Gott oder allgemeine Hingabe

Eine Frage der Haltung

Es geht um die Haltung, die wir den Dingen entgegenbringen, zuallererst unserem eigenen Körper, uns selbst, aber auch den Menschen um uns herum. In einer Zeit fehlender Wertschätzung verkümmern soziale Fähigkeiten wie echte Zuwendung und Empathie zunehmend. Auf den Schulhöfen kann man häufig eine Sprache des Hasses, der Geringschätzung und Diskriminierung finden. Viele verstecken sich hinter einer Maske aus Coolness, so dass sie Gefühle nur noch gekünstelt und möglichst wenig zeigen.

Viele Wissenschaftler sehen den Grund in der Digitalisierung unserer Gesellschaft und einer Anpassung an Maschinen. Der Mensch bleibt jedoch ein liebes- und lobesbedürftiges Wesen. Menschen, auch die heutige Schülergeneration, sind nicht weniger verletzlich geworden. Coolness bietet zwar Schutz vor Verletzung und Entblößung, doch unter dieser Maske leidet viel von dem, was Wertschätzung ausmacht.

Seit ich Yoga in der Schule unterrichte, fällt mir immer wieder auf, wie empathisch die „Yogaklassen" und kleinen Yoginis verglichen mit anderen sind. Der Grund dafür liegt meines Erachtens in der bewussten Körperarbeit und der gemeinsamen Praxis.

Die Schüler spüren die Aufmerksamkeit des Lehrers für ihre Person. Sie fühlen sich wirklich wahrgenommen und entwickeln eine besondere Motivation für den Unterricht, die gespeist ist aus ehrlichem Interesse. Sie fühlen sich wertgeschätzt und lernen sich selbst wertzuschätzen. Und erst, wenn ich mich und meinen Körper wertschätzen kann, kann ich auch andere lieben, wertschätzen und mich in sie hineinversetzen.

Schon der britische Astrophysiker Stephen Hawking (1942-2018) hatte gewarnt, dass das Überleben der Menschheit davon abhängen würde, ob die Empathie sie retten könne. Alles andere können Computer und Roboter heute oder in naher Zukunft schon besser. Niemals aber werden sie mitmenschliche Gefühle entwickeln und sich in andere hineinversetzen können. Ohne Empathie und Wertschätzung sind wir verloren.

Durch die regelmäßige Yogapraxis zu Beginn jeder Unterrichtsstunde verändern sich die Wahrnehmung und der Bezug zum eigenen Körper und zum Wohlbefinden ganz allgemein.

Diese Tipps können Sie Ihren Schülern mit auf den Yoga-Weg geben:

- Den Körper respektieren heißt bewusst zu essen. Für den Schulalltag bedeutet das, frisch zubereitete Nahrung, Obst und Gemüse, viel Wasser trinken. Somit fühlt man sich wacher, lebendiger und belastbarer.
- Yoga ist kein Wettkampf. Es ist vielmehr eine Reise zu sich und auch ein aufregendes Abenteuer. Es geht nicht darum, besser oder schlechter als jemand anderes zu sein, es geht vielmehr darum, sich selbst besser kennenzulernen.
- Glaube an dich! Wenn du denkst, du kannst es, dann kannst du es auch!
- Wenn du Yoga praktizierst, wird dein Körper stark und auch dein Geist verändert sich und wird immer stärker und offener. Was auch immer du für Gedanken im Kopf hast, lass sie gehen und entwickle deine Fähigkeit, zu beobachten und mit deinen Gefühlen und Gedanken zu arbeiten.
- Es ist wichtig, eine liebevolle und wertschätzende Haltung dir selbst gegenüber einzunehmen. Auf diese Weise lernst du, mit Problemen besser umzugehen. Vertrauen in deine eigenen Fähigkeiten, Mut und Toleranz, aber auch Resilienz entwickeln sich somit von ganz allein.

Diese Qualitäten sind die Benefits einer regelmäßigen Yogapraxis und werden so lebenslange Tools für mehr Lebenskraft, Spaß und Freude. Dies sind zugleich die Eckpfeiler einer wertschätzenden Haltung sich selbst und anderen gegenüber.

Weitere Benefits:

- Man fokussiert sich mehr auf Lösungen als auf Probleme.
- Man kann auch in stressigen Momenten präsent und achtsam bleiben.
- Man nimmt Veränderungen als Chance wahr.
- Man entwickelt mehr Empathie für seine Umwelt.
- Man übernimmt die Verantwortung für seine Emotionen.
- Die Asana Praxis wird intuitiv eingesetzt, wenn man in eine schwierige Lebenssituation kommt.
- Die Yoga-Praxis wird zu einer Lebenshilfe in allen Lebenslagen.
- Man urteilt weniger über sich und andere.
- Man lernt, über sich selbst zu lachen und anderen mit Humor zu begegnen.
- Man lernt, wie man sich wieder beruhigen kann.
- Man lernt mit Yoga Disziplin und Ausdauer bei jeder Art von Tätigkeit.
- Das persönliche Glück hängt nicht von äußeren Umständen ab, sondern von der inneren Haltung.

2

Der Atem

Der Atem

Es gibt Menschen, die behaupten, Achtsamkeit beruhe auf einer einzigen Sache – einzuatmen und auszuatmen. Sie haben recht.

Thich Nhat Hanh

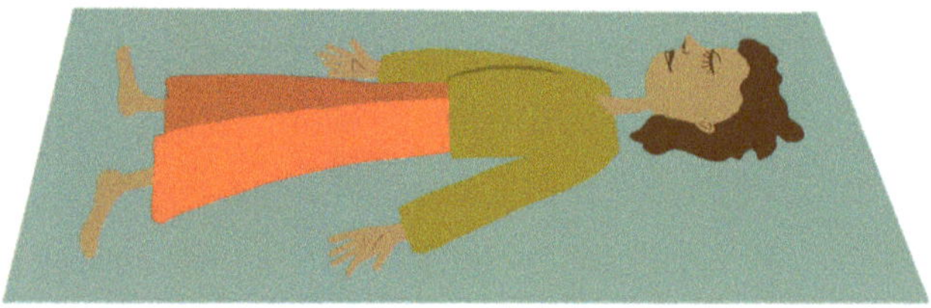

Meistens ist es uns gar nicht bewusst, aber der Atem ist immer für uns da, er nährt und trägt uns. Er hält uns am Leben und beruhigt uns. Schon ein paar Minuten genügen, um den Atem bewusst wahrzunehmen und wieder zu sich selbst zu kommen und ruhig zu werden. Langsamer Atem senkt den Blutdruck und reduziert Ängste.

Jeder Atemzug ist eine Gelegenheit, ihn auch bewusst zu erfahren, und im Yoga geht es vor allem um diese Erfahrung. Ohne die bewusste Atemlenkung wäre Yoga lediglich Gymnastik. Durch die Bewegungen in Verbindung mit dem Atem kommt man aus dem Denken und Bewerten direkt hinein ins Spüren und Fühlen. Der Atem ist das beste Mittel, um bewusst mit sich in Kontakt zu kommen und sich so wieder auf sich zu konzentrieren.

Beruhigt sich der Atem, beruhigt sich auch der Geist: ruhiger Atem, ruhiger Geist! Man ist fokussierter und konzentrierter. Am gesündesten atmet man durch die Nase. Auf diesem Weg wird die Atemluft erwärmt und befeuchtet, die Schleimhäute filtern auch Krankheitserreger und Schadstoffpartikel heraus.

Der erhöhte Luftwiderstand verlangsamt und beruhigt die Atmung, außerdem verbessert die Nasenatmung die Durchblutung, die Abwehrkräfte und die Versorgung mit Stickstoff werden ebenfalls verbessert.

Der Atem in Zahlen

- **Beim Einatmen enthält die Luft knapp 21 % Sauerstoff, beim Ausatmen immer noch etwa 17 %.**
- **Bei jedem Atemzug saugen wir im Ruhezustand etwa 500 ml Luft in unsere Lungen, unter Stress und Anstrengung ein Vielfaches davon.**
- **Für die Sauerstoffaufnahme im Blut sorgen etwa 300 Millionen Lungenbläschen, die sogenannten Alveolen.**
- **Die Lungenbläschen haben eine Gesamtoberfläche von 100 bis 140 Quadratmeter. Das entspricht etwa einer Spielerhälfte auf dem Tennisplatz.**
- **Pro Minute atmet man im Ruhezustand 10 bis 15 Mal. Zählt man die Atemzüge eines Tages, kommt man auf 15.000 bis 20.000 Atemzüge.**

Daher lauten die Anweisungen beim Yoga in der Klasse auch immer: „Du atmest nur durch die Nase!“

Das hat übrigens neben den gesundheitlichen Aspekten auch noch den ganz praktischen Vorteil, dass die Schüler bei den Yogaübungen auf diese Weise nicht reden können.

Gerade weil viele Schüler viel in virtuellen Welten unterwegs sind, sind sie nicht mehr bei sich, nicht gegenwärtig. Sie passen nicht auf und verpassen im Wortsinn viele wichtige Informationen im Verlauf des Unterrichtsgeschehens. Der bewusste Atem hat enorme Auswirkungen auf die Aufmerksamkeitsnetzwerke im Gehirn, die trainiert werden, den Fokus zu halten und Störungen auszublenden.

Zum anderen wird die Aufmerksamkeit in den Körper gelenkt. Dadurch verfeinert sich mit der Zeit die Wahrnehmung des Körpers, und die entsprechenden Landkarten im Gehirn differenzieren sich aus, die Dichte und Dicke der grauen Zellen nehmen zu. Somit lernen die Schüler mit der Zeit auch, sich besser zu konzentrieren. Außerdem steigert sich das Wohlbefinden, Schüler und Lehrer sind gleichermaßen mehr bei sich. Auf diese Weise entwickeln alle auch im Alltag mehr und mehr Bewusstheit, um Qualitäten von Ruhe und Klarheit entwickeln und schätzen zu können.

Der Atem durchdringt aber auch die Muskulatur, hält den Rumpf stabil und entlastet die Wirbelsäule. Viele Schüler sitzen einfach viel zu viel. Dieses Problem hat sich während des Online-Unterrichts für viele Schüler, die plötzlich stundenlange Videokonferenzen hatten, noch verschärft.

Sie verbringen einen Großteil ihres Tages sitzend in einer vorgebeugten Haltung. Das blockiert den Brustkorb und der Atem kann nur noch in den Bauchraum gehen. Es entsteht eine abdominale paradoxe Atmung, bei der der Brustkorb bei der Einatmung einfällt und der Bauch sich übermäßig vorwölbt. Somit können Gefühle von Angst und Stress entstehen.

Auch zu enge Kleidung kann die Bauchatmung einschränken, sodass sich Gefühle von Feindseligkeit und Aggressionen einstellen können. Daher ist der bewusste Atem hilfreich, um verschiedene Muskelgruppen wieder in Einklang zu bringen. Ist die eine Hälfte aktiv, lässt die andere Hälfte los. Jeder tiefe Atemzug massiert auch die inneren Organe. Das fördert nachweislich die Durchblutung und damit auch die Gesundheit. Durch tiefe Atmung lassen sich sogar hartnäckige Verspannungen in den Rückenmuskeln lösen, und auch die Wirbelsäule wird durch gesunde tiefe Atmung entlastet, die Ausrichtung wird gerader, die Haltung aufrechter.

Eine tiefe, bewusste Atmung beruhigt also nicht nur die Nerven, sondern kräftigt auch die Muskulatur, reduziert den Druck auf die Wirbelsäule und lindert Rückenschmerzen, worunter auch im jungen Alter schon viele Schüler leiden.

Auf einen Blick

Der Atem ist eine der kraftvollsten Quellen für innere und äußere Heilung. Eine tiefe, langsame und rhythmische Atmung, die den gesamten Körper umfasst, kann Ängste, Schmerzen und Depressionen lindern. Gleichzeitig erhöht sich die Konzentrationsfähigkeit und schüttet Wohlfühlhormone wie Serotonin und Oxytocin aus.

Das hängt unter anderem damit zusammen, dass die verlangsamte Atmung den Parasympatikus aktiviert. Dieser Teil des Nervensystems triggert eine Ruhe-Erneuerungs-Heilungs-Reaktion, die das Gefühl vermittelt, Herausforderungen im Alltag besser bewältigen zu können und jenseits aller virtuellen Welten mit sich und der Welt verbunden zu sein.

Wichtig in der Arbeit mit den Schülern ist es, sich nicht auf eine lächerliche Ebene im Hinblick auf den Atem einzulassen. Alle Asanas in der Klasse werden mit „Einatmen – Ausatmen" angesagt, und die Schüler lernen schon bald durch die wohltuende Erfahrung im Körper, dass jede diesbezügliche Bemerkung überflüssig ist. Sie fühlen eine stärkere Konzentration und mehr Ruhe – bei sich und im Klassenraum.

Ujjayi Pranayama – Yoga Atem

- Ujjayi Pranayama ist der wichtigste Atem im Yoga, um den Geist zu beruhigen.
- Der Fokus auf den Atem ist bei jeder Asana vorhanden.
- Die Luft wird lediglich durch die Nase ein- und ausgeatmet.
- Im Hals wird ein Geräusch wie von Meeresrauschen erzeugt.
- Das macht den Atem lang und stark.
- Diese Atemtechnik füllt die Lunge und kreiert Hitze im Körper.
- Durch diese Hitze wird das Agni, Feuer oder Lebensgeist, entfacht.
- Es ist wichtig, bei jeder Asana mit dem Fokus auf dem richtigen Atem zu beginnen.

Weitere wichtige Pranayama (Atemtechnik)-Übungen sind:

Atembewusstsein

Innehalten und Achtsamkeit durch die Konzentration auf den Atem.

Volle Yogaatmung

Kombination der Atemräume Bauch, Brust und Lungenspitzen.

Nadi Shodana (Reinigung der Energiekanäle)

Wechselatmung zwischen linkem und rechtem Nasenloch.

Kapalabathi („Scheinender Schädel")

Stoßweises, rhythmisches Ausatmen durch Anspannen des Zwerchfells, passives Einatmen.

Letztere Atemtechnik ist für die Schüler allerdings nicht geeignet und sollte, wenn überhaupt, nur in den höheren Oberstufenklassen geübt werden.

Die oben erwähnten Atemtechniken können alle sowohl im Sitzen als auch im Liegen ausgeführt werden. Am gesündesten ist die Atmung durch die Nase (wie weiter oben beschrieben).

Zum Vergleich kann man das bewusste Atmen durch den offenen Mund üben und auch gezielt einsetzen, um das Loslassen von unbewussten, unterdrückten Spannungen zu üben.

3

Fantasiereisen

Fantasiereisen

Alles in unserem Bewusstsein ist immer schon
von Gefühlen durchdrungen.
Aus Vorstellungsbildern also
konstruiert sich unsere Welt:
Über das Erleben innerer Bilder lassen sich
unsere Gefühle, unsere Bewertungen und Grundeinstellungen
betrachten und verändern.

Volker Friebel

Fantasiereisen können dabei helfen, sich zu entspannen, Ängste und Stress abzubauen und sich somit ausgeglichener zu fühlen. Gleichzeitig können Fantasiereisen die Kreativität, Lernbereitschaft und das Selbstbewusstsein fördern.

Auch hier findet eine Wechselwirkung statt. Während der Lehrer die Fantasiereise durchführt, entspannt auch er. Insbesondere die eine Minute des Schweigens während des Herzenswunsches ist sehr wohltuend und stärkend.

Fantasiereisen eignen sich besonders bei Doppelstunden zu Beginn der zweiten Stunde nach der Fünf-Minuten-Pause. Oft ist die Konzentration nach einer Unterrichtsstunde nicht mehr so intensiv, und eine Fantasiereise hilft den Schülern, wieder bei sich anzukommen.

Auch hier gilt, im Hinblick auf das zu leistende Pensum der Curricula, eine Zeit von fünf bis maximal zehn Minuten nicht zu überschreiten. In Vertretungsstunden oder während der Yoga-AG können dann längere, detailliertere Bodyscans und auch die längeren Fantasiereisen durchgeführt werden.

Durchführung

In all den Jahren habe ich noch nie eine negative Erfahrung mit der Durchführung von Fantasiereisen in Klassen gemacht. Im Gegenteil, häufig lieben die Schüler es, wenn sie sie einmal kennengelernt haben und fordern sie zum Teil sogar als Belohnung ein. Auch hier gilt, dass kein Schüler gezwungen wird, an der Fantasiereise teilzunehmen. Alternativ kann der Schüler malen, muss sich jedoch ruhig verhalten.

Sollte ein Kind unruhig auf seinem Platz sein, besteht die Möglichkeit, dem Schüler durch Handauflegen auf der Mitte des Rückens den Impuls zu geben, mehr in den Bauch zu atmen, um sich besser entspannen zu können. Unbewusst versteht der Schüler die Geste und reagiert in der Regel ruhiger.

Je häufiger Fantasiereisen als Kreativitäts- und Entspannungsübung eingesetzt werden, desto leichter fällt es den Schülern, sich darauf einzulassen. Besonders schön ist die Atmosphäre in der Klasse nach der Fantasiereise. Die Gesichter der Schüler sind entspannt, zum Teil verschlafen, und alle schauen mit einem dankbaren Lächeln, bereit, dem Lehrer im weiteren Unterrichtsgeschehen entspannt und aufmerksam zu folgen.

Vor jeder Fantasiereise empfehle ich einen kleinen Bodyscan, der den Schülern hilft, mit sich in Kontakt zu kommen und sich auf die Fantasiereise einzustimmen.

Und hier können Sie die Fantasiereisen downloaden:

Die Einleitung vor jeder Fantasiereise sollte immer die gleiche sein:

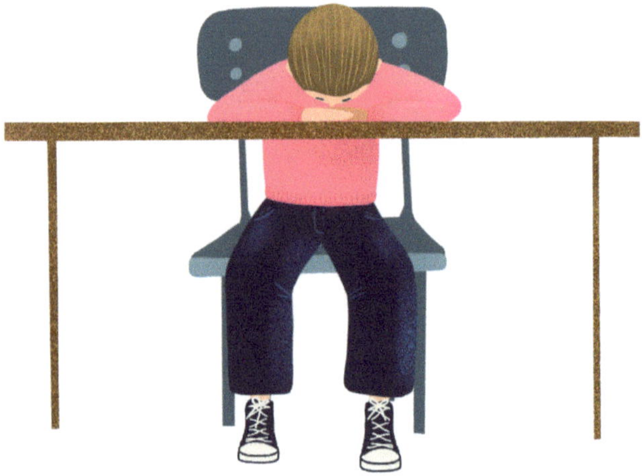

Die Beine sind nebeneinander, die Füße stehen fest und sicher auf dem Boden.

Du machst dir ein kleines Kissen mit deinen Armen oder deiner Jacke. Leg deinen Kopf auf dein Kissen.

Der Kopf liegt ganz schwer. Und dann geh mit deiner Aufmerksamkeit zu deinem Kopf. Entspann deinen Kopf.

Dein Kopf ist ganz entspannt.

Und dann wanderst du mit deiner Aufmerksamkeit weiter durch deinen Körper, und du entspannst auch den Rücken, die Arme, die Beine, den Bauch, die Hände und Füße. Dein ganzer Körper ist ganz entspannt.

1. Am Meer

Stell dir nun vor, du bist am Meer. Die Sonne scheint auf deinen Rücken und du spürst, wie die Wärme sich in deinem ganzen Körper ausbreitet. Dir ist warm und es geht dir richtig gut. Der Himmel ist strahlend blau und es ist keine einzige Wolke am Horizont zu entdecken.

Du spazierst an einem langen Strand entlang. Der Sand ist ganz weiß und warm, der Sand knirscht unter deinen nackten Füßen. Plötzlich siehst du vor dir eine kleine Krabbe. Und noch eine. Du nimmst dir Zeit, die Krabben zu beobachten, wie sie hin- und herlaufen.

Und plötzlich fallen dir noch viele andere Tiere auf: Krebse, Kröten, Quallen, Möwen. Du beobachtest eine Weile die Tiere um dich herum.

Und schließlich findest du eine wunderschöne Muschel. Du nimmst die Muschel in die Hand und hältst sie an dein Ohr. Es ist, als würde eine Stimme dir ins Ohr flüstern, dass du einen Wunsch frei hast.

Du hast nun eine Minute Zeit, dir vorzustellen, wie ein Herzenswunsch, den du hast, in Erfüllung geht. Du hast eine Minute Zeit, dir vorzustellen, wie ein Herzenswunsch in Erfüllung geht.

Eine Minute Pause/Stille/Schweigen.[1]

---

1 Die Minute sollte mit Blick auf die Uhr wirklich nur 60 Sekunden dauern. Manche Schüler zählen insgeheim, andere blicken auf, weil sie erstaunt sind über die Stille und wissen wollen, was der Lehrer macht. Auch hier zählt: Vertrauen schaffen!

Und nun komm langsam mit deiner Aufmerksamkeit wieder in diesen Raum zurück. Verabschiede dich von deinem wunderschönen Ort und komm wieder mit deiner ganzen Aufmerksamkeit zurück in diesen Raum. Kreise Handgelenke und Fußgelenke, reck und streck dich wie nach einem langen erholsamen Schlaf und werde wieder ganz wach.

2. Sonnenaufgang am Meer

Die Beine sind nebeneinander, die Füße stehen fest und sicher auf dem Boden. Du machst dir ein kleines Kissen mit deinen Armen oder deiner Jacke. Leg deinen Kopf auf dein Kissen. Der Kopf liegt ganz schwer. Und dann geh mit deiner Aufmerksamkeit zu deinem Kopf. Entspann deinen Kopf. Dein Kopf ist ganz entspannt.

Und dann wanderst du mit deiner Aufmerksamkeit weiter durch deinen Körper, und du entspannst auch den Rücken, die Arme, die Beine, den Bauch, die Hände und Füße. Dein ganzer Körper ist ganz entspannt.

Du bist an einem wunderschönen Ort. Und dann stell dir einen Sonnenaufgang am Meer vor. Du bist auf einer Insel in der Südsee mit einer blauen Lagune. Und du stehst am weißen Strand. Um dich herum sind Palmen. Vögel fliegen am klaren Himmel und die morgendliche Brise weht über deinen Körper.

Du atmest die frische Luft. Du siehst die Sonne langsam am Horizont aufgehen, und du spürst die Wärme auf deinem Körper. Und der Himmel wird heller und heller. Du kannst ganz unterschiedliche Tiere beobachten, sieh nur ganz genau hin, welche Tiere du entdecken kannst. Vielleicht siehst du Delfine schwimmen? Oder sogar Wale? Oder Robben? Fische springen? Hörst du die Möwen kreischen? Beobachte ganz genau, was du siehst!

Und nun hast du eine Minute Zeit, dir vorzustellen, wie ein Herzenswunsch, den du hast, in Erfüllung geht. Stelle dir eine Minute lang vor, wie ein Herzenswunsch, den du nicht kaufen kannst, in Erfüllung geht.

Eine Minute Pause/Stille/Schweigen.

Verabschiede dich von deinem wunderschönen Ort und komm wieder mit deiner ganzen Aufmerksamkeit zurück in diesen Raum. Kreise Handgelenke und Fußgelenke, reck und streck dich wie nach einem langen erholsamen Schlaf und werde wieder ganz wach.

3. Der Leuchtturm

Die Beine sind nebeneinander, die Füße stehen fest und sicher auf dem Boden. Du machst dir ein kleines Kissen mit deinen Armen oder deiner Jacke. Leg deinen Kopf auf dein Kissen. Der Kopf liegt ganz schwer. Und dann geh mit deiner Aufmerksamkeit zu deinem Kopf. Entspann deinen Kopf. Dein Kopf ist ganz entspannt. Und dann wanderst du mit deiner Aufmerksamkeit weiter durch deinen Körper, und du entspannst auch den Rücken, die Arme, die Beine, den Bauch, die Hände und Füße. Dein ganzer Körper ist ganz entspannt.

Stell dir nun vor, dass du an einem wunderschönen Ort bist. Du bist an einem wunderschönen Ort, die Sonne scheint auf deinen Rücken und breitet sich in deinem ganzen Körper aus. Du fühlst dich sicher, warm und entspannt. Der Himmel ist strahlend blau, es ist keine einzige Wolke am Himmel zu sehen, und es geht dir richtig gut.

Du gehst an einem langen weißen Strand spazieren, der warme Sand knirscht unter deinen Füßen und du beobachtest die Wellen, wie sie kommen und gehen. Plötzlich siehst du vor dir einen Leuchtturm. Du entscheidest dich, auf diesen Leuchtturm zu gehen. Mutig erklimmst du eine Stufe nach der anderen. Du hältst dich am Geländer der Wendeltreppe fest und bist schon bald oben angelangt. Von dort oben aus hast du einen wunderschönen Blick über die Landschaft, den Strand und das Meer.

Und plötzlich entdeckst du draußen auf dem offenen Meer ein paar Delfine, die fröhlich über die Wellen springen. Und du weißt, dies ist ein Zeichen, dass das heute dein Glückstag ist, und du nimmst dir eine Minute Zeit, dir vorzustellen, wie ein Herzenswunsch, den du hast, in Erfüllung geht. Du nimmst dir eine Minute lang Zeit, dir vorzustellen, wie ein Herzenswunsch, den du hast, in Erfüllung geht.

Eine Minute Pause/Stille/Schweigen.

Dann verabschiede dich langsam wieder von deinem wunderschönen Ort auf dem Leuchtturm. Komm mit deiner Aufmerksamkeit wieder hierher in diesen Klassenraum zurück. Kreise Handgelenke und Fußgelenke, reck und streck dich und werde wieder ganz wach.

4. Flaschenpost

Die Beine sind nebeneinander, die Füße stehen fest und sicher auf dem Boden. Du machst dir ein kleines Kissen mit deinen Armen oder deiner Jacke. Leg deinen Kopf auf dein Kissen. Der Kopf liegt ganz schwer. Und dann geh mit deiner Aufmerksamkeit zu deinem Kopf. Entspann deinen Kopf. Dein Kopf ist ganz entspannt. Und dann wanderst du mit deiner Aufmerksamkeit weiter durch deinen Körper, und du entspannst auch den Rücken, die Arme, die Beine, den Bauch, die Hände und Füße. Dein ganzer Körper ist ganz entspannt.

Stell dir nun vor, dass du an einem wunderschönen Ort bist. Du bist an einem wunderschönen Ort, die Sonne scheint auf deinen Rücken und breitet sich in deinem ganzen Körper aus. Du fühlst dich sicher, warm und entspannt. Der Himmel ist strahlend blau, es ist keine einzige Wolke am Himmel zu sehen, und es geht dir richtig gut.

Du gehst barfuß an einem langen weißen Strand spazieren, der warme Sand knirscht unter deinen Füßen, und du beobachtest die Wellen, wie sie kommen und gehen.

Und plötzlich siehst du vor dir eine leere Flasche, die vom Meer an den Strand gespült wurde. Du hast Glück, denn du hast einen Stift und ein Blatt Papier in der Tasche. Also setzt du dich in den warmen

Sand und schreibst einen Herzenswunsch, den du hast, auf den Zettel, steckst ihn in die Flasche und wirfst die Flasche in einem großen Bogen zurück ins Meer.

Dann setzt du dich wieder hin und beobachtest die Flasche, wie sie auf den Wellen hüpft, bis sie nicht mehr zu sehen ist.

Danach legst du dich in den warmen Sand und stellst dir eine Minute lang vor, wie dein Herzenswunsch in Erfüllung geht. Du nimmst dir eine Minute Zeit, dir vorzustellen, wie ein Herzenswunsch, den du hast, in Erfüllung geht.

Eine Minute Pause/Stille/Schweigen.

Dann verabschiede dich langsam wieder von deinem wunderschönen Ort. Komm mit deiner Aufmerksamkeit wieder hierher in diesen Klassenraum zurück. Kreise Handgelenke und Fußgelenke, reck und streck dich und werde wieder ganz wach.

5. Regenbogen

Die Beine sind nebeneinander, die Füße stehen fest und sicher auf dem Boden. Du machst dir ein kleines Kissen mit deinen Armen oder deiner Jacke. Leg deinen Kopf auf dein Kissen. Der Kopf liegt ganz schwer. Und dann geh mit deiner Aufmerksamkeit zu deinem Kopf. Entspann deinen Kopf. Dein Kopf ist ganz entspannt.

Und dann wanderst du mit deiner Aufmerksamkeit weiter durch deinen Körper, und du entspannst auch den Rücken, die Arme, die Beine, den Bauch, die Hände und Füße. Dein ganzer Körper ist ganz entspannt.

Stell dir nun vor, dass du an einem wunderschönen Ort bist. Du bist an einem wunderschönen Ort, die Sonne scheint auf deinen Rücken und breitet sich in deinem ganzen Körper aus. Du fühlst dich sicher, warm und entspannt. Der Himmel ist strahlend blau, es ist keine einzige Wolke am Himmel zu sehen, und es geht dir richtig gut.

Du machst einen Spaziergang. Um dich herum sind nur grüne Wiesen zu sehen. Du fühlst das weiche Gras unter deinen nackten Füßen und genießt das Kribbeln an den Füßen. Du hörst Vögel singen und riechst den Duft von Blumen und frischem Gras. Plötzlich entscheidest du dich, dich in das Gras zu legen. Du schaust in den Himmel, und auf einmal entdeckst du einen wunderschönen, perfekt geformten Regenbogen in allen Regenbogenfarben: rot, orange, gelb, grün, hellblau, dunkelblau, lila.

Und du weißt, dass ein Regenbogen ein Glückssymbol ist. Also nimmst du dir einen Moment Zeit, dir vorzustellen, wie ein Herzenswunsch, den du hast, in Erfüllung geht. Du nimmst dir eine Minute Zeit, dir vorzustellen, wie ein Herzenswunsch, den du hast, in Erfüllung geht.

Eine Minute Pause/Stille/Schweigen.

Dann verabschiede dich langsam wieder von deinem wunderschönen Ort. Komm mit deiner Aufmerksamkeit wieder hierher in diesen Klassenraum zurück. Kreise Handgelenke und Fußgelenke, reck und streck dich und werde wieder ganz wach.

6. Sommer

Die Beine sind nebeneinander, die Füße stehen fest und sicher auf dem Boden. Du machst dir ein kleines Kissen mit deinen Armen oder deiner Jacke. Leg deinen Kopf auf dein Kissen. Der Kopf liegt ganz schwer. Und dann geh mit deiner Aufmerksamkeit zu deinem Kopf. Entspann deinen Kopf. Dein Kopf ist ganz entspannt.

Und dann wanderst du mit deiner Aufmerksamkeit weiter durch deinen Körper, und du entspannst auch den Rücken, die Arme, die Beine, den Bauch, die Hände und Füße. Dein ganzer Körper ist ganz entspannt.

Stell dir nun vor, dass du an einem wunderschönen Ort bist. Du bist an einem wunderschönen Ort, die Sonne scheint auf deinen Rücken und breitet sich in deinem ganzen Körper aus. Du fühlst dich sicher, warm und entspannt. Der Himmel ist strahlend blau, es ist keine einzige Wolke am Himmel zu sehen.

Und nun erlebst du eine Landschaft in der Mittagszeit. Mitten im Sommer. Du sitzt unter einem Baum und genießt die Landschaft. Du lässt deine Augen auf allem dort ruhen. Einige Kühe liegen im Gras, die wiederkäuen.

Über ein anderes Feld läuft eine Stute mit ihrem Fohlen. Eine Lerche singt hoch am Himmel. Schafe weiden auf einer Wiese.

In der Nähe liegt ein Bauernhof. Einige Hühner picken Körner vom Boden. Eine Katze liegt im Sonnenschein. Ein Hund steht auch dort.

Die ganze Landschaft ist erfüllt von Sommer, Ferien, Gerüchen und Geräuschen, und es geht dir richtig gut.

Also nimmst du dir einen Moment Zeit, dir vorzustellen, wie ein Herzenswunsch, den du hast, in Erfüllung geht.

Du nimmst dir eine Minute Zeit, dir vorzustellen, wie ein Herzenswunsch, den du hast, in Erfüllung geht.

Eine Minute Pause/Stille/Schweigen.

Dann verabschiede dich langsam wieder von deinem Herzenswunsch und dem wunderschönen Ort. Komm mit deiner Aufmerksamkeit wieder hierher in diesen Klassenraum zurück. Kreise Handgelenke und Fußgelenke, reck und streck dich und werde wieder ganz wach.

7. Wald

Die Beine sind nebeneinander, die Füße stehen fest und sicher auf dem Boden. Du machst dir ein kleines Kissen mit deinen Armen oder deiner Jacke. Leg deinen Kopf auf dein Kissen. Der Kopf liegt ganz schwer. Und dann geh mit deiner Aufmerksamkeit zu deinem Kopf. Entspann deinen Kopf. Dein Kopf ist ganz entspannt.

Und dann wanderst du mit deiner Aufmerksamkeit weiter durch deinen Körper, und du entspannst auch den Rücken, die Arme, die Beine, den Bauch, die Hände und Füße. Dein ganzer Körper ist ganz entspannt.

Stell dir nun vor, dass du an einem wunderschönen Ort bist. Du bist an einem wunderschönen Ort, die Sonne scheint auf deinen Rücken und breitet sich in deinem ganzen Körper aus. Du fühlst dich sicher, warm und entspannt. Der Himmel ist strahlend blau, es ist keine einzige Wolke am Himmel zu sehen.

Und nun stell dir vor, dass du in einem Wald bist. Sieh einen Wald. Du gehst zwischen hohen Bäumen. Vögel singen. In der Ferne hörst du einen Wasserfall. Du siehst das Sonnenlicht zwischen den Bäumen.

Unten am Boden kriecht eine kleine Maus. Und du beobachtest diese Maus. Und indem du weitergehst, kommst du zu einer Lichtung im Wald, wo die Sonne scheint und Rehe grasen. Und du beobachtest auch die Rehe.

Und dann gehst du tiefer in den Wald hinein. Du kommst an eine einsame Stelle im Wald. Zu einem kleinen See mit sehr klarem Wasser. Es ist so klar, dass du bis auf den Grund des Sees alles sehen kannst.

Und wenn du dich nach vorne beugst, siehst du auf der klaren Oberfläche dein eigenes Spiegelbild im See.

In der Mitte des Sees wächst eine weiße Seerose. Eine Libelle fliegt dicht über der Oberfläche, und du gehst tiefer in den Wald hinein.

Du kommst in einen sehr dichten Teil des Waldes mit hohen alten Bäumen, und du gehst noch tiefer in den Wald hinein. Vielleicht triffst du andere Tiere oder Vögel.

Indem du weiter auf dem Waldweg gehst, siehst du den blauen Himmel über dir. Hoch am Himmel fliegt ein Vogel. Ist es vielleicht ein Adler? Und es ist gerade, als ob du ganz nahe bei dem Adler bist. Als ob du der Adler bist.

Und du siehst alles von hier oben. Du siehst das Meer, die Landschaft, den Wald. Und dann nimmst du dir einen Moment Zeit, dir vorzustellen, wie ein Herzenswunsch, den du hast, in Erfüllung geht.

Du nimmst dir eine Minute Zeit, dir vorzustellen, wie ein Herzenswunsch, den du hast, in Erfüllung geht.

Eine Minute Pause/Stille/Schweigen.

Dann verabschiede dich langsam wieder von deinem Herzenswunsch und dem wunderschönen Ort.

Komm mit deiner Aufmerksamkeit wieder hierher in diesen Klassenraum zurück. Kreise Handgelenke und Fußgelenke, reck und streck dich und werde wieder ganz wach.

8. Auf dem Land

Die Beine sind nebeneinander, die Füße stehen fest und sicher auf dem Boden. Du machst dir ein kleines Kissen mit deinen Armen oder deiner Jacke. Leg deinen Kopf auf dein Kissen. Der Kopf liegt ganz schwer. Und dann geh mit deiner Aufmerksamkeit zu deinem Kopf. Entspann deinen Kopf. Dein Kopf ist ganz entspannt.

Und dann wanderst du mit deiner Aufmerksamkeit weiter durch deinen Körper, und du entspannst auch den Rücken, die Arme, die Beine, den Bauch, die Hände und Füße. Dein ganzer Körper ist ganz entspannt.

Stell dir nun vor, dass du an einem wunderschönen Ort bist. Du bist an einem wunderschönen Ort, die Sonne scheint auf deinen Rücken und breitet sich in deinem ganzen Körper aus. Du fühlst dich sicher, warm und entspannt. Der Himmel ist strahlend blau, es ist keine einzige Wolke am Himmel zu sehen. Und nun stell dir vor, dass du auf dem Land bist. Stell dir vor, wie ein Bauer die Felder pflügt, die Erde umpflügt. Stell dir vor, wie du eine Handvoll Erde nimmst, sie fühlst und durch deine Finger rinnen lässt. Dann gehst du weiter zu einer kleinen Quelle. Dort siehst du einen kleinen Bach, der durch die Landschaft fließt.

Du folgst dem Bach, der zu einem Fluss wird. Und dann befindest du dich plötzlich vor einem Wasserfall, der von hoch oben in einen See fällt. Du setzt dich auf einen Stein und beobachtest den Wasserfall.

Dann nimmst du dir einen Moment Zeit, dir vorzustellen, wie ein Herzenswunsch, den du hast, in Erfüllung geht. Du nimmst dir eine Minute Zeit, dir vorzustellen, wie ein Herzenswunsch, den du hast, in Erfüllung geht.

Eine Minute Pause/Stille/Schweigen.

Dann verabschiede dich langsam wieder von deinem Herzenswunsch und dem wunderschönen Ort. Komm mit deiner Aufmerksamkeit wieder hierher in diesen Klassenraum zurück. Kreise Handgelenke und Fußgelenke, reck und streck dich und werde wieder ganz wach.

9. Sommernacht mit Sternschnuppen

Die Beine sind nebeneinander, die Füße stehen fest und sicher auf dem Boden. Du machst dir ein kleines Kissen mit deinen Armen oder deiner Jacke. Leg deinen Kopf auf dein Kissen. Der Kopf liegt ganz schwer. Und dann geh mit deiner Aufmerksamkeit zu deinem Kopf. Entspann deinen Kopf. Dein Kopf ist ganz entspannt.

Und dann wanderst du mit deiner Aufmerksamkeit weiter durch deinen Körper, und du entspannst auch den Rücken, die Arme, die Beine, den Bauch, die Hände und Füße. Dein ganzer Körper ist ganz entspannt.

Stell dir nun vor, dass du an einem wunderschönen Ort bist. Du bist an einem wunderschönen Ort, es ist warm und die Wärme breitet sich in deinem ganzen Körper aus.

Du fühlst dich sicher, warm und entspannt. Der Nachthimmel ist ganz klar, es ist keine einzige Wolke am Himmel zu sehen. Stell dir diese Sommernacht ganz genau vor.

Du sitzt mit anderen um ein Lagerfeuer und schaust in die Flammen. Du siehst, wie die Flammen hoch fliegen. Ein helles Lagerfeuer brennt und du sitzt dort, genießt die Sommernacht und träumst, während du in die Flammen schaust.

Der Wind bewegt die Bäume in der Nähe und du fühlst dich vollkommen wohl, entspannt, stark und gesund. Du schaust in den Sommerhimmel und bemerkst die endlos vielen Sterne über dir.

Plötzlich siehst du eine Sternschnuppe. Du weißt, dass Sternschnuppen ein Glückssymbol sind. Und du nimmst dir einen Moment Zeit, dir vorzustellen, wie ein Herzenswunsch, den du hast, in Erfüllung geht. Du nimmst dir eine Minute Zeit, dir vorzustellen, wie ein Herzenswunsch, den du hast, in Erfüllung geht.

Eine Minute Pause/Stille/Schweigen.

Dann verabschiede dich langsam wieder von deinem Herzenswunsch und dem wunderschönen Ort. Komm mit deiner Aufmerksamkeit wieder hierher in diesen Klassenraum zurück. Kreise Handgelenke und Fußgelenke, reck und streck dich und werde wieder ganz wach.

10. Der Berg

Die Beine sind nebeneinander, die Füße stehen fest und sicher auf dem Boden. Du machst dir ein kleines Kissen mit deinen Armen oder deiner Jacke. Leg deinen Kopf auf dein Kissen. Der Kopf liegt ganz schwer. Und dann geh mit deiner Aufmerksamkeit zu deinem Kopf.

Entspann deinen Kopf. Dein Kopf ist ganz entspannt.

Und dann wanderst du mit deiner Aufmerksamkeit weiter durch deinen Körper, und du entspannst auch den Rücken, die Arme, die Beine, den Bauch, die Hände und Füße. Dein ganzer Körper ist ganz entspannt.

Stell dir nun vor, dass du an einem wunderschönen Ort bist. Du bist an einem wunderschönen Ort, die Sonne scheint auf deinen Rücken und breitet sich in deinem ganzen Körper aus. Du fühlst dich sicher, warm und entspannt.

Der Himmel ist strahlend blau, es ist keine einzige Wolke am Himmel zu sehen. Und nun stell dir vor, dass du in den Bergen bist. Die Luft ist ganz klar. Du kannst richtig tief durchatmen!

Und nun stell dir einen besonders großen Berg vor. Einen hohen Berg. Den höchsten Berg, den du dir vorstellen kannst.

Dann stellst du diesen Berg im Winter vor. Mit Schnee auf den Gipfeln. Stell dir vor, wie du im Schnee spielst. Und dann stellst du dir diesen Berg im Frühling vor. Dann siehst du den Berg im Sommer mit grünem Gras bewachsen.

Und schließlich stellst du dir den Berg im Herbst vor, wenn sich alles goldfarben zeigt. Es geht dir richtig gut. Zu jeder Jahreszeit fühlst dich vollkommen wohl und gesund und entspannt.

Eine Minute Pause/Stille/Schweigen.

Und dann komm langsam wieder von deinem wunderschönen Ort zurück. Bewege deine Handgelenke und Fußgelenke, reck und streck dich und werde wieder ganz wach.

11. Winter

Die Beine sind nebeneinander, die Füße stehen fest und sicher auf dem Boden. Du machst dir ein kleines Kissen mit deinen Armen oder deiner Jacke. Leg deinen Kopf auf dein Kissen.

Der Kopf liegt ganz schwer. Und dann geh mit deiner Aufmerksamkeit zu deinem Kopf. Entspann deinen Kopf. Dein Kopf ist ganz entspannt.

Und dann wanderst du mit deiner Aufmerksamkeit weiter durch deinen Körper, und du entspannst auch den Rücken, die Arme, die Beine, den Bauch, die Hände und Füße. Dein ganzer Körper ist ganz entspannt.

Stell dir nun vor, dass du an einem wunderschönen Ort bist. Du bist an einem wunderschönen Ort im Winter. Du fühlst dich sicher und entspannt. Der Himmel ist grau und hängt voller Schneewolken.

Und nun stell dir vor, wie es anfängt zu schneien und sich die ganze Landschaft in eine zauberhafte Winterlandschaft verwandelt.

Du tanzt im Schnee mit den Schneeflocken. Und als mehr Schnee liegt, baust du einen Schneemann. Du setzt ihm sogar eine Hut auf!

Und dann nimmst du dir einen Moment Zeit, dir vorzustellen, wie ein Herzenswunsch, den du hast, in Erfüllung geht.

Du nimmst dir eine Minute Zeit, dir vorzustellen, wie ein Herzenswunsch, den du hast, in Erfüllung geht.

Eine Minute Pause/Stille/Schweigen.

Dann verabschiede dich langsam wieder von deinem Herzenswunsch und dem wunderschönen Ort.

Komm mit deiner Aufmerksamkeit wieder hierher in diesen Klassenraum zurück. Kreise Handgelenke und Fußgelenke, reck und streck dich und werde wieder ganz wach.

12. Frühling

Die Beine sind nebeneinander, die Füße stehen fest und sicher auf dem Boden. Du machst dir ein kleines Kissen mit deinen Armen oder deiner Jacke. Leg deinen Kopf auf dein Kissen.

Der Kopf liegt ganz schwer. Und dann geh mit deiner Aufmerksamkeit zu deinem Kopf. Entspann deinen Kopf. Dein Kopf ist ganz entspannt.

Und dann wanderst du mit deiner Aufmerksamkeit weiter durch deinen Körper, und du entspannst auch den Rücken, die Arme, die Beine, den Bauch, die Hände und Füße. Dein ganzer Körper ist ganz entspannt.

Stell dir nun vor, dass du an einem wunderschönen Ort bist. Du bist an einem wunderschönen Ort, die Sonne scheint auf deinen Rücken und breitet sich in deinem ganzen Körper aus.

Du fühlst dich sicher, warm und entspannt. Der Himmel ist strahlend blau, es ist keine einzige Wolke an diesem wunderschönen ersten Frühlingstag am Himmel zu sehen.

Die Frühlingssonne hat schon genug Kraft, um dich zu wärmen. Du hast frei und es geht dir richtig gut. Du hörst die Vögel zwitschern und kannst den Duft der Frühlingsblumen wahrnehmen.

Plötzlich siehst du ein vierblättriges Kleeblatt direkt vor dir. Und du weißt, dass du dir nun etwas wünschen darfst.

Und dann nimmst du dir einen Moment Zeit, dir vorzustellen, wie ein Herzenswunsch, den du hast, in Erfüllung geht. Du nimmst dir eine Minute Zeit, dir vorzustellen, wie ein Herzenswunsch, den du hast, in Erfüllung geht.

Eine Minute Pause/Stille/Schweigen.

Dann verabschiede dich langsam wieder von deinem Herzenswunsch und dem wunderschönen Ort. Komm mit deiner Aufmerksamkeit wieder hierher in diesen Klassenraum zurück. Kreise Handgelenke und Fußgelenke, reck und streck dich und werde wieder ganz wach.

13. Herbst

Die Beine sind nebeneinander, die Füße stehen fest und sicher auf dem Boden. Du machst dir ein kleines Kissen mit deinen Armen oder deiner Jacke. Leg deinen Kopf auf dein Kissen. Der Kopf liegt ganz schwer. Und dann geh mit deiner Aufmerksamkeit zu deinem Kopf. Entspann deinen Kopf. Dein Kopf ist ganz entspannt.

Und dann wanderst du mit deiner Aufmerksamkeit weiter durch deinen Körper, und du entspannst auch den Rücken, die Arme, die Beine, den Bauch, die Hände und Füße. Dein ganzer Körper ist ganz entspannt.

Stell dir nun vor, dass du an einem wunderschönen Ort bist. Du bist an einem wunderschönen Ort, die Sonne scheint auf deinen Rücken und breitet sich in deinem ganzen Körper aus. Du fühlst dich sicher, warm und entspannt.

Der Himmel ist strahlend blau, es ist keine einzige Wolke an diesem wunderschönen Herbsttag am Himmel zu sehen. Die Herbstsonne hat noch genug Kraft, um dich zu wärmen.

Du hast frei, und es geht dir richtig gut. Gut gelaunt gehst du in einen Wald. Du siehst die Blätter der Bäume in den schönsten Farben, die man sich vorstellen kann.

Alles ist in Rot, Orange und Gold getaucht. Und dann siehst du vor dir die erste Kastanie in diesem Herbst. Du hebst die Kastanie auf. Sie fühlt sich ganz weich in deiner Hand an. Und sie ist von nun an dein Glückssymbol. Also nimmst du dir einen Moment Zeit, dir vorzustellen, wie ein Herzenswunsch, den du hast, in Erfüllung geht. Du nimmst dir eine Minute Zeit, dir vorzustellen, wie ein Herzenswunsch, den du hast, in Erfüllung geht.

Eine Minute Pause/Stille/Schweigen.

Dann verabschiede dich langsam wieder von deinem Herzenswunsch und dem wunderschönen Ort. Komm mit deiner Aufmerksamkeit wieder hierher in diesen Klassenraum zurück. Kreise Handgelenke und Fußgelenke, reck und streck dich und werde wieder ganz wach.

14. Mit Delfinen schwimmen

Die Beine sind nebeneinander, die Füße stehen fest und sicher auf dem Boden. Du machst dir ein kleines Kissen mit deinen Armen oder deiner Jacke.

Leg deinen Kopf auf dein Kissen. Der Kopf liegt ganz schwer. Und dann geh mit deiner Aufmerksamkeit zu deinem Kopf. Entspann deinen Kopf. Dein Kopf ist ganz entspannt.

Und dann wanderst du mit deiner Aufmerksamkeit weiter durch deinen Körper, und du entspannst auch den Rücken, die Arme, die Beine, den Bauch, die Hände und Füße.

Dein ganzer Körper ist ganz entspannt.

Du bist an einem wunderschönen Ort irgendwo am Meer. Und du stehst am weißen Strand, hörst das Meer rauschen und diese wunderbare Brandung und beobachtest das Meer.

Du siehst die Wellen auf und nieder tanzen, und plötzlich entdeckst du sogar Delfine auf den Wellen. Es ist ein warmer Sommertag, also entscheidest du dich mutig, ins Meer zu gehen und zu den Delfinen zu schwimmen.

Und was ist das? Die Delfine schwimmen dir sogar entgegen! Du freust dich über ihre freundlichen Gesichter und kannst sie sogar berühren. Dabei fühlen sie sich viel rauer an, als du gedacht hast.

Vor Vergnügen kreischen die Delfine und auch die Möwen über euch. Plötzlich ist es, als würden die Delfine dich links und rechts bei der Hand nehmen und dich durch das Meer ziehen.

Fast schwerelos und dabei ganz liebevoll ziehen die Delfine mit dir Runden durch das Meer.

Und schließlich setzen sie dich wieder sanft am Strand ab. Du legst dich müde, aber vollkommen glücklich in den warmen Sand und nimmst dir einen Moment Zeit, dir vorzustellen, wie ein Herzenswunsch, den du hast, in Erfüllung geht.

Eine Minute Pause/Stille/Schweigen.

Dann verabschiede dich langsam wieder von deinem Herzenswunsch und dem wunderschönen Ort. Komm mit deiner Aufmerksamkeit wieder hierher in diesen Klassenraum zurück. Kreise Handgelenke und Fußgelenke, reck und streck dich und werde wieder ganz wach.

4

Yogapraxis im Klassenraum

Yogapraxis im Klassenraum

Die Geschichte und die kommenden Generationen werden uns nach unseren Entscheidungen beurteilen.

Nelson Mandela

Viele Lehrer schreckt die Idee, Yoga in der Schule zu unterrichten, zunächst ab – oft werden rein pragmatische Gründe angeführt: kein Platz, zu gefährlich, keine Yogautensilien, keine Zeit. Dabei ist Yoga immer und überall möglich. Ich habe in meinem langen Yogi-Dasein schon an allen denkbaren Orten Yoga praktiziert: am Schreibtisch, auf der Straße, an der Tankstelle, vor einem Museum, im öffentlichen Nahverkehr, im Flugzeug, am Flughafen, vor dem Eiffelturm, dem Markusplatz, in der Mensa, usw.

Die Liste ließe sich beliebig fortsetzen, und nicht selten waren Schüler mit dabei und haben von den kleinen Bewegungseinheiten, die sofort Stress abbauen, genauso profitiert wie ich und die Menschen um uns herum. Yoga will keine Instant-Erleuchtung erreichen, sondern hat vor allem die Harmonisierung von Körper, Geist und Seele, also positiven Energien zum Ziel, die allen zugute kommt.

Mir ist kein probateres und kostengünstigeres Mittel bekannt, das so schnell Abhilfe bei Stress schafft wie ein paar wenige Yoga Asanas.

Die Schulleitungen, für die ich bisher gearbeitet habe, haben meine Yoga-Aktivitäten in der Schule noch nie kritisiert. Der Erfolg in den Klassen spricht für sich. Eltern, die über ihre Kinder von den Yogaübungen hören, kommen oft ganz begeistert in meine Sprechstunden, häufig wird die schulische Yogapraxis zu Hause fortgesetzt.

Die Zeit, die zu Beginn in die Übungen investiert wird, kommt um ein Vielfaches wieder zurück.

Ablauf

Der Lehrer kommt in die Klasse. Alle Schüler bereiten sich vor, indem sie ihre Unterrichtsutensilien auf ihren Platz legen. Somit wird nach der Begrüßung keine Zeit mehr für Kramen verschwendet.

Wichtig ist, dass der Lehrer nicht etwa beginnt mit: „So, jetzt machen wir ein bisschen Yoga“ oder so ähnlich. Das halte ich für ausgesprochen kontraproduktiv. Vielmehr steht es dem Lehrer frei, erst einmal gar nichts oder nur ein paar einleitende Worte zu sagen, die jedoch nicht das Wort „Yoga“ beinhalten. Auf diese Weise gibt er den Schülern von vornherein keine Bühne, und sie müssen sich ganz auf die Bewegungen konzentrieren. Das sind dann eigentlich die effektivsten Momente.

Der Lehrer beginnt einfach mit ein paar Übungen und die Schüler ahmen diese nach. Nach fünf Minuten sind die Übungen beendet und der Lehrer begrüßt die Schüler mit einem „Guten Morgen“ oder „Guten Tag“ und „Bitte hinsetzen“.

Ein „OM“, das ist das bekannteste und wichtigste Mantra im Yoga, hat im Schulalltag nichts zu suchen. Es geht bei Yoga in der Schule nicht darum, Yogaklischees zu bedienen. Es geht darum, einfühlsam die Methode des Yoga zu unterrichten, ohne dass die Schüler das Gefühl haben, ihnen würde etwas aufoktroyiert. In den Klassen sind heutzutage alle erdenklichen Nationalitäten und Religionen vertreten. Ein OM würde Grund zu Diskussionen geben. Und auch wenn manche Schüler dieses OM das ein oder andere Mal von sich geben und tönen, ist es wichtig, nicht darauf einzugehen, sondern sich auf die Asana-Arbeit zu konzentrieren.

Der Yoga-Weg besteht aus Asanas, aus Meditation, Reinigungstechniken, Atemübungen und vielem mehr. Aber alles zu seiner Zeit und an seinem Platz.

Sogar in der Yoga-AG würde ich je nach Lerngruppe auf das OM-Chanten verzichten. Auch in Erwachsenengruppen braucht es dafür Zeit und Vertrauen, bevor die Leute sich mit diesem Klang wohlfühlen. Auch hier geht es wieder um die Grenze des anderen. Etwas zu chanten, dessen Bedeutung man nicht oder höchstens als Klischee kennt, stellt für viele eine veritable Grenzüberschreitung dar. Dies gilt es zu respektieren.

Eine andere Möglichkeit des Unterrichtseinstiegs ist die Pantomime-Variante, bei der der Lehrer in die Klasse kommt und erstmal gar nichts sagt, um die Aufmerksamkeit der Klasse zu bekommen. Diese Methode ist dann empfehlenswert, wenn der Lehrer bereits mehrere Klassen unterrichtet hat oder die Schüler besonders laut und unruhig sind. Diese Pantomime-Variante ganz ohne Anweisungen würde ich jedoch erst dann empfehlen, wenn die Schüler eine gewisse Routine in ihren Übungen haben. Die Ruhe insbesondere während und nach den Pantomime-Einheiten ist einfach immer wieder wunderbar, und je öfter man es macht, desto intensiver ist der Effekt.

Eine andere große Herausforderung für die Schüler ist nämlich, den Anweisungen des Lehrers überhaupt erst einmal zu folgen. Rechts, links, Beine zusammen, auseinander, oben, unten, all das ist für Schüler gleich welcher Altersklassen erstaunlicherweise häufig schwer umzusetzen, was ich den wenigen körperlichen Aktivitäten und dem geringen Körperbewusstsein heutiger Schülergenerationen zuschreibe. Und natürlich nicht zuletzt der zunehmend seltener werdenden Fähigkeit des aktiven Zuhörens.

Es gibt kaum eine Klasse, in der man nicht ständig alles zigmal wiederholen muss. Das kann schon sehr ermüdend sein. Eine Pantomime-Einheit entlastet in diesem Moment den Lehrer und zwingt die Schüler unweigerlich, ihr Verhalten zu verändern. Sie realisieren ihre Unruhe häufig von selbst und stellen ihre Gespräche ein. Diese Erfahrung ist kostbar, und umso wichtiger ist es, diese Fähigkeit der Achtsamkeit mit den Schülern zu trainieren. Insbesondere auch die Koordinationsfähigkeit, die wichtig fürs Gehirn ist, wird bei den stummen Yogaübungen geschult und hilft den Kindern langfristig, sich einerseits besser zu konzentrieren, aber andererseits auch, kreative Lösungsansätze zu wagen.

Auch was das mangelnde Platz-Argument angeht, da kann ich schnell allen den Wind aus den Segeln nehmen. Jeder Schüler steht an seinem Platz. Das sind in der Regel 30 Kinder. Die Kinder an der Fensterseite müssen vorübergehend die Fenster schließen oder ggf. für die Übungen ihren Platz wechseln. Die Übungen sind so ausgewählt, dass jeder Schüler sie im Stehen und an seinem Platz ausüben kann, das habe ich jahrelang erprobt. Also einfach mal mutig sein und ausprobieren, welche alternativen Unterrichtseinstige es gibt!

Gerader Stand: Tadasana – die Berghaltung

Tadasana bezeichnet eine Stellung, in der man fest und aufrecht wie ein Berg steht. Sie ist die Grundlage aller stehenden Übungen.

Tadasana ist die Ausgangsstellung aller Yogaübungen. Sie ist für viele Schüler schon eine große Herausforderung an sich, da es bei dieser Haltung darum geht, das Körpergewicht gleichmäßig auf beide Fußsohlen zu verteilen und nicht zu weit vorne, auch nicht zu weit hinten zu stehen. Die Arme sind neben dem Körper, der Kopf ist gerade nach oben ausgerichtet, das Kinn parallel zum Boden, die Wirbelsäule gerade ausgerichtet.

Tadasana folgt einem der wichtigsten Yogaprinzipien überhaupt:

Sthiram Sukham Asanam, fester Stand, doch zugleich mit der Möglichkeit zur Flexibilität und Beweglichkeit nach oben. Fest verwurzelt mit der Erde und doch mit Leichtigkeit nach allen Seiten dehnbar.

Erst wenn wir fest verankert im Leben stehen, festen Kontakt mit unseren Wurzeln und Vertrauen haben, sind wir in der Lage, unser Potential voll auszuschöpfen.

Dies ist für die Schüler eine unendlich kostbare Erfahrung, die im Idealfall zu einer Erkenntnis wird.

Dann folgen neue Anweisungen. So geht's:

Die Arme nach vorne ausstrecken, die Handflächen zeigen nach vorne. Abwechselnd eine Hand nach oben strecken, eine nach unten.

Danach Fäuste machen, Finger spreizen, ein paar Mal hintereinander.

Dann Handgelenke kreisen, ein paar Mal nach innen und ein paar Mal nach außen.

Als nächstes werden die Finger ineinander verschränkt und die Schüler üben den Bärengriff. Die Ellbogen zeigen nach außen und bewegen sich abwechselnd nach oben und unten, wobei die Finger ineinander verschränkt bleiben. So geht der Bärengriff. Der Bärengriff lockert den gesamten Schulterbereich.

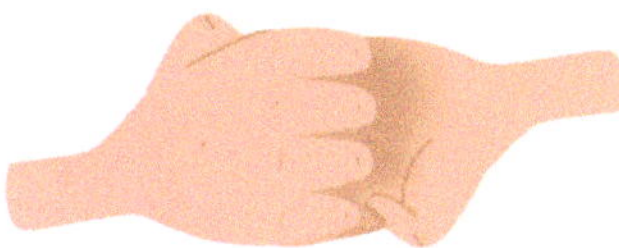

Als nächstes verschränken die Schüler die Arme über dem Kopf und dehnen sich nach links und rechts. Ein weiterer Schwierigkeitsgrad ist, wenn man die Arme so weit wie möglich nach oben streckt, während die Hände weiterhin die gegenüberliegenden Ellenbogen greifen.

Eine weitere Übung zur Lockerung der Handgelenke gerade vor oder nach Klassenarbeiten ist das Verschränken der Finger ineinander und das Beschreiben der verschränkten Hände in eine liegende Acht. Anschließend die Hände über dem Kopf ausschütteln und nachspüren.

Uttanasana – die Vorbeuge

So geht's: Bei dieser abgewandelten Variante fassen die Schüler die gegenüberliegenden Ellbogen, während die Beine zusammen sind und wenn möglich gestreckt. Der Kopf hängt entspannt nach unten.

Gerne kann man die Schüler auffordern, leicht nach links und rechts zu schaukeln und eventuell sogar die Lippen ausblasen lassen, was Stress abbaut.

Die Wirkung der Übung ist enorm! Sie verhindert Kopfschmerzen und man fühlt sich sofort entspannt und ausgeglichen.

Drehende Haltungen

So geht's:

Wieder Tadasana, die Berghaltung einnehmen. Dann die Hände so vor die Brust bringen, dass die Handflächen sich berühren und die Ellbogen nach außen zeigen.

In die Hocke gehen. Der linke Ellbogen geht über das rechte Knie.

Dann die linke Hand zum rechten Fuß bringen und den rechten Arm nach oben strecken.

Der Blick folgt der oberen Hand. Von hier aus wieder in die Hockstellung kommen, die Arme ausstrecken, den linken Arm unter den rechten wickeln und das linke Bein hinter das rechte klemmen.

Diese Stellung stärkt die Muskulatur und löst Steifheit in den Muskeln.

Häufig stöhnen die Schüler und verstehen die Anweisungen nicht auf Anhieb, weil sie nicht richtig zuhören. Auch hier gilt: Je öfter man übt, desto einfacher und selbstverständlicher fällt es ihnen!

Anschließend werden die Seiten gewechselt. Es ist wichtig, immer beide Seiten zu üben, wobei es jedoch keine Rolle spielt, mit welcher Seite man beginnt.

Auf einem Bein stehen

So geht's:

Wieder in Tadasana. Mit beiden Händen das rechte Knie fassen, den rechten Fuß flexen. Dann den linken Arm zur Seite oder nach hinten zeigen lassen, als Variation auch nach oben. Ausatmen und wieder zurück in die Ausgangsstellung kommen.

Auch hier wird die zweite Seite wie oben beschrieben geübt.

Das geht auch mit Absatz, Kleid oder Rock. 😀

Generell sind alle Yogaübungen in der Klasse so ausgewählt, dass sie in der gewöhnlichen Alltagskleidung ausgeführt werden können. Manchmal führt das Üben der Asanas bei manchen Schülern zu der Erkenntnis, dass bestimmte T-Shirts tatsächlich zu kurz und damit eigentlich unpassend für die Schule sind - ein schöner Nebeneffekt. 😀

Auch bei dieser Position ist Tadasana die Ausgangshaltung.

So geht's:

Der rechte Fuß wird über das linke Knie gelegt, die Hände werden vor der Brust so zusammengeführt, dass die Handflächen sich berühren und die Ellbogen nach außen zeigen. Dann werden die Arme auf dem gebeugten Bein abgelegt.

Einatmend wieder in die Hocke kommen, die Arme nach oben strecken, den rechten Fuß geflext über das linke Knie bringen, die Hände vor das Herz, dann ausatmend versuchen, beide Arme auf dem Bein abzulegen.

Einatmend wieder nach oben kommen, Ausatmend die Arme wieder neben den Körper sinken lassen, Tadasana.

Dann die andere Seite üben.

Wieder in Tadasana, der Ausgangshaltung.

Häufig klagen Schüler über Kopf-und Rückenschmerzen, die sehr oft vom langen Sitzen und Schultern hochziehen kommen. Bei der folgenden Sequenz kann man dem entgegenwirken.

So geht's:

Die Schultern werden nach oben gezogen und dann nach hinten und vorne gekreist, jeweils ein paar Mal in jede Richtung.

Dann werden die Arme nach vorne ausgestreckt, Handflächen zeigen nach unten und die Arme gebeugt und nach hinten gezogen, ein paar Mal hintereinander, anschließend wird die Richtung gewechselt.

Wieder die Schultern kreisen. Arme nach vorne ausstrecken, Frosch schwimmen, Schulter nach oben, unten, oben, unten, alles loslassen, ein paar Mal hintereinander und dann wieder ganz gerade stehen in der Ausgangsposition, Tadasana.

Das Kopfkreisen ist die letzte Übungssequenz vor der eigentlichen Begrüßung.

So geht's:

Der Kopf wird Richtung Brustbein gesenkt und dann geht das linke Ohr zur linken Schulter, nach hinten, das rechte Ohr zur rechten Schulter, nach vorne. Einatmen nach hinten, ausatmen nach vorne.

Manche Sportlehrer warnen vor ganzen Kopfkreisen. Die Alternative sind Halbkreise, die von links nach rechts beschrieben werden. Auch hier gilt wie immer beim Yoga: Jeder übt seinem Körper gemäß.

Als Variation kann die liegende Acht geübt werden.

So geht's:

Das linke Ohr nach vorne zur linken Schultersinken lassen, nach hinten, zur Mitte. Das rechte Ohr zur rechten Schulter nach vorne, nach hinten, zur Mitte sinken lassen.

Eine weitere Variation.

So geht's:

Die linke Hand auf die Mitte des Schädeldaches legen und den Kopf sanft zur Seite ziehen und dehnen, wieder zur Mitte kommen.

Dann die Hände wechseln und den Kopf sanft zur anderen Seite dehnen.

Dann wieder zur Ausgangsstellung Tadasana zurückkommen.

Schließlich begrüßen sich Lehrer und Schüler, ohne das Wort „Yoga" zu erwähnen. „Bitte alle hinsetzen!" Der Unterricht beginnt.

Tatsächlich hat sich in all den Jahren während dieser Begrüßungsphasen im Stehen und der Asanapraxis noch nie ein Schüler verletzt und ich denke, dass das vor allem an der achtsamen Praxis und auch daran liegt, dass ich erstens immer gemeinsam mit den Schülern praktiziere und zweitens die Schüler nie anfasse, um sie zu korrigieren.

Vielmehr versuche ich, alle nötigen Korrekturen lediglich zu verbalisieren. Auf diese Weise signalisiere ich, dass ich die Grenzen des anderen respektiere und drücke gleichzeitig meine Wertschätzung gegenüber der Praxis des anderen aus.

Jeder Mensch hat einen anderen Körper. Manche haben lange Beine, kurze Arme oder umgekehrt. Es ist unmöglich zu erwarten, dass alle immer die genau gleiche Asana einnehmen.

Dennoch ist Yoga für alle da, für Junge, Alte, Bewegliche, Unbewegliche, Gesunde, Kranke, Geübte, Ungeübte!

Jeder hat das Recht, in seinem eigenen Tempo und gemäß seinen Möglichkeiten Yoga zu praktizieren, mit Freude und Leichtigkeit, um noch dazu die Motivation aufrechtzuerhalten.

Würde man die Schüler an dieser Stelle reglementieren oder kritisieren, wäre das für sie gleichbedeutend mit all den Erfahrungen, die sie sonst in unserer leistungsorientierten Gesellschaft und der Schule generell machen, und mit Sicherheit wäre der Effekt der Yogaübungen ein anderer.

Während der gemeinsamen Yogapraxis sind alle Schüler in der gleichen Position. Niemand definiert sich in diesem Augenblick über seine schulischen Leistungen, sondern fühlt sich als Mensch, als Individuum gesehen und wahrgenommen. Das ist es, was Yoga für die Schüler neben den positiven Effekten der kleinen Bewegungspause zu einer so wertvollen Erfahrung macht.

Falls man ein eher unsicherer und ängstlicher Lehrertyp ist, kann man auch immer wieder darauf hinweisen, dass niemand über seine Grenze geht:

„Gehe nicht über deine Grenze, sondern finde vielmehr heraus, wo deine Grenze überhaupt ist. SEHR GUT!!!!"

Schüler sind es gewohnt, nach ihrer Leistung beurteilt zu werden, und in diesem jungen Alter nehmen sie Kritik häufig persönlich und als Angriff auf ihre Person wahr. Während der gemeinsamen Yogaübungen zu Beginn des Unterrichts aber soll es nicht um ihre Leistung gehen, sondern um ihr Mensch-sein, ihr So-sein. Dementsprechend kann man während dieser Sequenzen gar nicht genug loben. 😀

Wie weiter oben erwähnt ist der Mensch ein liebes- und lobesbedürftiges Wesen, das Zuwendung braucht und auf Aufmerksamkeit angewiesen ist. All das können diese fünf Minuten Yogaübungen zu Beginn einer Unterrichtsstunde schaffen.

Frappierend finde ich auch immer wieder die Beobachtung, dass gerade sogenannte ADHS-Kinder oder Kinder mit anderen psychischen und/oder motorischen Störungen nach der yogischen Begrüßung um so friedlicher und konzentrierter arbeiten.

Das führt mich zu der Forderung: Yoga statt Ritalin! Das ist mein Plädoyer für eine Schule im 21. Jahrhundert!!!

Die Seele, in der Welt der Sinne sich bewegend und
diese zugleich harmonisierend … findet Ruhe in der Stille.

Bhagavad Gita

Die Ruhe des Geistes stellt sich nach dem Üben von selbst ein.

Die Konzentrations- und Leistungsfähigkeit sind erhöht und der Unterricht kann in Ruhe und mit Aufmerksamkeit beginnen.

Alternative Übungen zu Beginn oder für zwischendurch

Der Tänzer

So geht's:

Die Ausgangsposition Tadasana einnehmen. Mit der rechten Hand den rechten Knöchel fassen. Den linken Arm nach oben strecken und dann den Oberkörper nach vorne neigen, während das hintere Bein nach hinten gestreckt wird.

Wieder in die Ausgangsstellung kommen und dann wechseln.

So wirkt's:

Diese Gleichgewichtsübung entwickelt Ausgeglichenheit und eine anmutige Haltung. Sie belebt und stärkt die Beinmuskulatur und dehnt die Schulterblätter.

Der Löwe

So geht's:

Die Ausgangsposition einnehmen. Dann in die Hocke gehen, die Hände so auf die Oberschenkel legen, dass die Finger nach innen zeigen. Durch die Nase einatmen und dann die Augen aufreißen, die Zunge bis zum Kinn rausstrecken und einen lauten AAH-Ton ausstoßen.

Dreimal hintereinander laut tönen lassen. Dann den Mund wieder schließen und durch die Nase atmen, die Ausgangsposition einnehmen.

So wirkt's:

Bei dieser Übung wird die Blutzirkulation im Bereich von Zunge und Hals gesteigert, die Stimme wird gekräftigt und die Augen werden angeregt. Nach länger andauernder Übung wird die Artikulation klarer, so dass diese Asana auch Stotterern empfohlen wird.

Der Krieger I, II und III

Diese Positionen sind in der Klasse möglich, allerdings manchmal bei hohen Schuhen eine Herausforderung.

Krieger I

So geht's:

Die Ausgangsposition einnehmen. Der linke Fuß geht nach vorne, der rechte Fuß ist hinten und etwa dreißig Grad eingedreht, Aber nach schräg vorne ausgerichtet. Die Arme gehen nach oben, die Arme können zusammen oder geöffnet sein. Der Blick folgt den Händen.

Krieger II

So geht's:

Von hier öffnet sich die Hüfte zur Seite, so dass die Arme sich nach vorne und hinten öffnen, der hintere Fuß steht jetzt parallel. Der Blick geht über den vorderen Mittelfinger.

Zurück zur Ausgangssituation und die Seite wechseln.

Krieger III

So geht's:

Das Gewicht auf das linke Bein verlagern. Die Arme ziehen nach vorne, das rechte Bein ist nach hinten parallel zum Boden ausgestreckt. Ein paar Atemzüge in dieser Position bleiben und lang und tief atmen. Dann in die Ausgangsposition zurückkommen und die Seiten wechseln.

So wirkt's:

Die Krieger-Positionen kräftigen die Lunge, Arme, Beine, Brust und Schultern und machen die Hüfte flexibel. Sie trainieren Ausdauer und Stärke und stimulieren die Verdauungsorgane.

Bei diesen Asanas handelt es sich um sehr kraftvolle Positionen, die die Steifheit in den Schultern, im Rücken und im Nacken lindern und den Gleichgewichtssinn trainieren.

Sie helfen, einen festen Stand im Leben zu finden, aber dennoch beweglich in Körper und Geist zu bleiben.

Dehnübungen im Stehen

So geht's:

Die Ausgangsposition einnehmen. Dann die Arme nach oben strecken und mit der rechten Hand das linke Handgelenk fassen. Zur linken Seite neigen und tief in die Dehnung atmen.

Wieder zur Mitte kommen. Die Hände wechseln und zur anderen Seite dehnen. Dann im Stehen nachspüren.

So wirkt's:

Die wohltuende Wirkung dieser Dehnübungen ist sofort spürbar und kann auch zu Beginn oder am Anfang einer Doppelstunde eingebaut werden.

Gerade weil die Schüler viel und lange sitzen müssen, ist diese Übung eine gute Möglichkeit, die Wirbel der Wirbelsäule zu kräftigen, um Rückenschmerzen vorzubeugen.

Der abgewandelte Sonnengruß

Der klassische Sonnengruß ist im Klassenraum nicht auszuführen, aber es gibt eine schöne abgewandelte Alternative.

So geht's:

Die Ausgangsposition einnehmen.

Die Arme gehen nach oben: „Wir grüßen die Sonne." (wird gesprochen)

Die Arme und der Oberkörper neigen sich nach unten: „Wir grüßen die Erde."

Die Arme gehen wieder nach oben: „Wir grüßen den Mond."

Der Oberkörper wiegt sich mit geöffneten Armen nach links und rechts: „Wir grüßen den Halbmond (links), den Halbmond (rechts)."

Die Arme bewegen sich von links nach rechts neben dem Körper: „Und wir grüßen die Sterne."

Der abgewandelte Sonnengruß eignet sich besonders bei Doppelstunden zu Beginn der zweiten Stunde, um den Schülern etwas Variation anzubieten und die Energien zu kanalisieren. Nach drei Runden haben die Schüler sich meistens schon wieder so „verausgabt", dass sie bereit für die zweite Hälfte des Unterrichts sind. Wieder hinsetzen. Das Unterrichtsgeschehen kann wieder aufgenommen werden.

Auf den ersten Blick mutet der abgewandelte Sonnengruß eher etwas kindlich an, doch meine Erfahrung zeigt, dass alle Jahrgangsstufen von diesen Bewegungsabläufen profitieren und deshalb auch immer alle mitmachen.

Besonders schön ist, dass man den Sonnengruß auch in den jeweiligen Unterrichtssprachen unterrichten kann: Darüber hinaus ist der Sonnengruß ein gutes Übungsfeld, um mit seiner Stimme zu experimentieren. Je nachdem, wie man die Sätze intoniert, kommen sie anders an.

Auf Italienisch:

Salutiamo il sole
Salutiamo la terra
Salutiamo la luna
mezzaluna, mezzaluna
E le stelle

Auf Französisch:

Au soleil
Au sol
A la lune
demielune, demielune
Et aux étoiles

Auf Englisch:

To the sky
To the earth
To the moon
halfmoon, halfmoon
And the stars

Und so weiter, der Kreativität der Lehrkraft sind keine Grenzen gesetzt 😀

So wirkt's:

Der abgewandelte Sonnengruß regt den Kreislauf an und lockert den ganzen Körper.

Der Körper wird gedehnt und gestreckt, die Atmung reguliert sich, die Wirbelsäule und Gelenke werden beweglicher.

Das Bewusstsein über den Zusammenhang von körperlicher Bewegung und Zur-Ruhe-Kommen des Geistes wird gestärkt.

Er kann sowohl vitalisierend als auch beruhigend wirken.

Energetisieren: Das Abklopfen

Eine sehr einfache und effektive Methode, die Schüler wieder zu energetisieren, ist das Abklopfen einzelner Körperteile.

So geht's:

Die Schüler stehen in der Ausgangsposition. Den linken Arm ausstrecken und eine Faust machen oder auch mit der flachen Hand beginnen, den rechten Arm abzuklopfen.

Das linke Handgelenk, den Unterarm, den Oberarm, auf die Schultern klopfen, mit beiden Fäusten auf die Brust klopfen (Tarzan!), dann weiter mit der linken Faust die rechte Seite abklopfen, die rechte Schulter, den rechten Oberarm, den Unterarm, das Handgelenk, dann mit beiden Fäusten locker den Bauch abklopfen, dann Po, die Beinrückseiten, in die Hocke gehen, Waden, Schienbeine, Fußgelenke abklopfen. Langsam klopfenderweise wieder nach oben kommen und dann die Hände wechseln und erneut alle Körperteile abklopfen.

Schließlich die Hände über dem Kopf ausschütteln und dann mit den Fingerkuppen die Kopfhaut sanft abklopfen.

Abschließend eventuell noch die Handflächen so fest aneinander reiben, dass sie ganz warm werden und schließlich mit den warmen Handflächen in kreisenden Bewegungen über die Augen streichen.

So wirkt's:

Mit dieser Übung wird der ganze Körper wach geklopft. Sie dient einerseits der Entspannung, aber gleichzeitig auch zur sanften Aktivierung des ganzen Körpers.

Es ist eine sehr schöne Übung auch für zwischendurch, wenn man bei sich oder den Schülern Erschöpfung und Konzentrationsschwächen bemerkt oder zu Beginn der zweiten Stunde einer Doppelstunde.

Dann hinsetzen und weiterarbeiten.

Augenübungen

Die Augen haben ebenso wie unser Körper ein natürliches Bedürfnis nach Bewegung. Beim Arbeiten in der Schule oder am Schreibtisch ist die Anstrengung für die Augen recht einseitig.

Meistens sind die Klassenräume auch nur mit nackten Neonröhren beleuchtet. Die Augen produzieren weniger Tränenflüssigkeit. Die Muskulatur verspannt sich, Schultern und Nacken verhärten sich und es kann sogar zu Kopfschmerzen kommen.

Augenübungen können nicht nur helfen, die Sehkraft aufzubauen, sondern sogar auch, die Sehkraft zu erhalten und zu verbessern.

Durch das Augentraining wird das parasympathische Nervensystem aktiviert und somit auch das Erholungsprogramm des Körpers.

Wenn man die Augen bewusst hin und her bewegt, erlebt man eine deutliche Entspannung, weil das Aktivieren der linken und rechten Körperhälfte die natürliche Verarbeitung von Stress beschleunigt.

Allein 25 % unserer Gesamtenergie benötigen wir für das Sehen. Daher ist man mit müden Augen insgesamt weniger leistungsfähig.

Wenn wir uns im stressigen Alltag zwischendurch kurz Zeit für unsere Augen nehmen, wird ein Entspannungsreflex im ganzen Körper ausgelöst.

Anschließend ist man wieder mehr bei sich und deutlicher fokussierter auf das Unterrichtsgeschehen, Lehrer wie Schüler gleichermaßen.

So geht's:

Die Ausgangshaltung einnehmen: aufrechter Stand, Schulter nach unten, mit beiden Füßen fest auf dem Boden stehend (Tadasana).

Augen schließen, zusammenkneifen, öffnen, ein paar Mal hintereinander.

Dann Augen öffnen. Nach rechts schauen. Nach links schauen. Nur mit den Augen, nicht mit dem Kopf! Etwa 4-8 Mal pro Seite.

Augen öffnen. Etwa 4-8 Mal nach oben und unten schauen.

Die Augenwinkel aktivieren: Nach rechts oben schauen. Mitte. Nach links oben schauen. Mitte. Nach rechts unten schauen. Mitte. Nach links unten schauen. Mitte. 4-8 Mal wiederholen.

Dann die Augenwinkel kreisen: Nach oben schauen.

Mit den Augen und nur mit den Augen, das ist für Schüler häufig sehr schwierig, und weil es ungewohnt ist, schmerzen die Augenmuskeln sogar etwas.

Mit den Augen einen weiten Kreis nach rechts und nach unten drehen. Anschließend nach links und nach oben wiederholen, vier bis fünf Mal in jede Richtung.

Augenkreisen in Richtung einer liegenden Acht: Rechts oben, rechts unten, Mitte, links oben, links unten, Mitte.

Dann in die umgekehrte Richtung, alles vier bis fünf Mal.

Anschließend die Hände reiben und die Augen bedecken.

So wirkt's:

Augenübungen stärken nicht nur die Augenmuskeln, sondern auch die Konzentration.

Sie sind sehr effektiv und können ohne großen Aufwand in der Klasse durchgeführt werden.

Dabei ist jeder Zeitpunkt denkbar, der für den Lehrer sinnvoll scheint.

5

Die Yoga-AG

Die Yoga-AG

Yoga-Arbeitsgemeinschaften sind im Zuge des Ganztagskonzeptes an Schulen eine sehr populäre Einrichtung, vor allem an Grundschulen. An den weiterführenden Schulen sind Yoga-AGs noch nicht so etabliert, was nicht zuletzt häufig an den fehlenden Räumlichkeiten liegt.

Durch die Initiative „Bewegte Schule“ wird jedoch auch hier langsam mehr Augenmerk auf die Wichtigkeit von Räumen gerichtet, die Platz für Bewegung und Entspannung vorsehen. Es ist frappierend, dass wieder einmal Länder wie Australien viel fortschrittlicher in diesen Bereichen sind.

Aus eigener Erfahrung kann ich sagen, dass man zwar überall Yoga praktizieren kann, nicht jedoch eine Yoga-AG unterrichten. Das hat verschiedene Gründe: Schüler brauchen eine angenehme Lernumgebung. Das gilt gerade auch für Yoga.

Für eine Doppelstunde Yoga braucht man Matten, Decken, Augenkissen, vielleicht auch Kerzen, eine Klangschale, am liebsten sogar noch Kissen und Blöcke, kurz: eine entspannte Atmosphäre in einem ruhigen Raum. Viele Schulen haben aber nicht genug Raumkapazitäten, und so wird die Yoga-AG schnell mal in die Mehrzweck-Aula, die Turnhalle oder in ein Durchgangszimmer gelegt.

Einerseits brüsten sich Schulen mit Angeboten wie Yoga-AGs, zumal immer mehr Grundschulen dieses Angebot machen und die Eltern aufgrund ihrer positiven Erfahrungen mit Yoga an der weiterführenden Schule gerne weiterhin davon Gebrauch machen möchten.

Weiterführende Schulen kommen dem Wunsch der Eltern gerne nach, sofern Kollegen das entsprechende Profil in Form einer Yogalehrerausbildung haben, noch dazu, wenn man damit die Auszeichnung als „Bewegte Schule“ bekommt. Andererseits besteht häufig wenig ernsthaftes Interesse, und auch das Wissen über Yoga ist meist eher rudimentär.

Daher wäre es wichtig, dass man sich bei dem Interesse, eine Yoga-AG anzubieten, im Vorfeld mit den Raumplanern darüber verständigt, was für einen Raum und auch, was für eine Ausstattung man für seine Yoga-AG braucht.

Yoga-AG für verschiedene Altersstufen

Kinderyoga ist wesentlich anstrengender und aktiver als Erwachsenenyoga. Das liegt vor allem an der relativ kurzen Aufmerksamkeitsspanne der Schüler. Ein häufiger Methodenwechsel ist daher mehr als sinnvoll.

Generell würde ich auch eine Einteilung der Yoga-AG in unterschiedliche Jahrgangsstufen vorschlagen. Je älter die Kinder werden, desto mehr Ruhephasen brauchen sie.

Auch sind bei älteren Schülern längere Meditationssequenzen denkbar. Allerdings bin ich immer wieder überrascht, wie sehr sich auch die Kleinen nach längeren Entspannungsphasen sehnen, doch oft schaffen sie es dennoch nicht, über einen längeren Zeitraum ruhig zu sein.

Bei Erwachsenen empfiehlt sich die lange ruhige Entspannungsphase im Liegen, genannt Savasana (Totenhaltung), über einen Zeitraum von elf Minuten.

Dies ist erwiesenermaßen genau der Zeitraum, in dem sich die Batterien wieder aufladen können und der Körper wieder regeneriert ist.

Bei Kindern ist das nicht realisierbar. Je nach Lerngruppe ist es schon ein Erfolg, wenn die Schüler sich ein paar Minuten in die Entspannungsphase begeben, ohne zu reden und sich zu bewegen.

In der Stunde kann es jedoch durchaus sehr turbulent und lebendig zugehen. Aktion und Bewegung wechseln sich ständig ab. Die Asanas werden nur kurz gehalten, aber öfter wiederholt.

Regeln

- **Durch das gemeinsame Praktizieren der Yogaübungen lernen die Schüler, eine wertschätzende und achtsame Grundhaltung einzunehmen.**
- **Daher gilt, wie weiter oben schon erwähnt, dass niemand ausgelacht wird, jeder seinen Möglichkeiten gemäß übt und es auch nichts zu erreichen gibt.**
- **Es gibt keine Noten in der Yoga-AG und somit auch keinen Druck, etwas erreichen zu müssen.**
- **Das Praktizieren der Asanas sollte frei von jedem Leistungs- oder Konkurrenzgedanken sein.**
- **Es wird nur durch die Nase geatmet, also wenn möglich, nicht so viel gesprochen.**
- **Die Verabredung eines Stillezeichens durch das Erklingen der Klangschalen ist sehr sinnvoll und ratsam.**

Die Bedeutung von Atem und Klang

Über die Bedeutung des Atems bin ich schon weiter oben eingegangen. In der Yoga-AG hat man Zeit und Raum, darüber hinaus weitere Atempraktiken auszuprobieren.

Während der Asana-Praxis sollte der Atem ruhig und frei fließen können. Die Atmung erfolgt in der Regel bei geschlossenem Mund durch die Nase.

Atemschlange

Ein Schüler liegt auf dem Boden. Der nächste legt sich mit der Rückseite seines Kopfes auf den Bauch des ersten. Dann kommt der nächste, bis eine Schlange entsteht.

Die Schüler können auf diese Weise die wichtige Bedeutung des Bauches beim Atemvorgang besser nachvollziehen.

Yogische Bauchatmung

Die Kinder liegen auf dem Rücken. „Leg die linke Hand auf dein Herz in der Mitte der Brust, die rechte Hand auf deinen Bauchnabel. Lass deinen Atem ganz tief in deinen Bauch fließen und spüre, wie sich mit dem Einatmen deine Hand auf dem Bauch nach oben bewegt. Der Bauch wölbt sich mit dem Einatmen nach oben und mit dem Ausatmen nach unten. Nimm ein paar dieser tiefen Atemzüge.

Dann atme weiter tief in den Bauch ein und dann bis hoch in den Brustkorb, sodass sich nun beide Hände mit dem Einatmen nach oben bewegen und mit dem Ausatmen nach unten. Du füllst dich wie einen Luftballon ganz voll mit Luft bis hoch zu den Schlüsselbeinen. Wenn du ausatmest, atmest du von oben bis nach unten wieder vollständig aus."

Klangschalen-Atmung

Die Schüler liegen auf dem Rücken und der Lehrer geht herum, legt eine Klangschale auf den Bauch des Schülers, der die Bewegung der Klangschale (es kann auch ein anderer Gegenstand sein) beobachtet.

Zum Schluss schlägt der Lehrer die Klangschale an und der Schüler spürt der Vibration des Klanges im Körper nach.

Hummelatmung

In der einfachen Sitzhaltung legen die Schüler ihre Hände so auf den Kopf, dass die Daumen die Ohrmuscheln, die Finger den Mund und die Augen verschließen und die restlichen Finger auf dem Kopf liegen. Tief einatmen und beim Ausatmen mit geschlossenem Mund ein „Mmmm" summen.

Mehrfach wiederholen und dann nachspüren.

Löwenbrüllen

Die Schüler kommen in die Asana des Löwen und brüllen wie ein Löwe.

Sonne-Mond-Atmung

Aufrechte Sitzhaltung. Das rechte Nasenloch wird mit dem Daumen der rechten Hand zugehalten, die anderen Finger zeigen nach oben.

Lang und tief durch das linke Nasenloch atmen. Die linke Nasenseite symbolisiert die Mondseite. Wenn wir nur durch das linke Nasenloch atmen, werden wir ganz ruhig, entspannt und können besser schlafen. Ein paar Atemzüge in dieser Position bleiben.

Dann wechseln. Nun halten wir mit dem linken Daumen der linken Hand das linke Nasenloch zu. Die rechte Nasenseite symbolisiert die Sonnenseite. Wenn wir nur durch das rechte Nasenloch atmen, werden wir wacher und können uns besser konzentrieren.

Ein paar Atemzüge in dieser Position bleiben. Dann im Sitzen oder Liegen nachspüren.

Ablauf einer Doppelstunde Yoga-AG

Die Schüler legen die Yogamatten und Decken in einen Kreis. Auf jede Matte kommt eine Decke. In der Mitte stehen eine Kerze und eine Klangschale.

Da die Yoga-AG im Nachmittagsbereich liegt und die Kinder vorher gegessen haben, empfiehlt es sich, ihnen zunächst eine kurze Entspannung auf der Matte am Boden anzubieten.

Kinder lieben Rituale!

Was man also einführen und etablieren möchte, muss man sich gut überlegen und dann konsequent immer wieder einüben.

Ein möglicher Ablauf könnte sein:

- Spaghetti-Test: Entspannung im Liegen. Durchgehen der Körperteile. Du liegst ganz schlaff auf dem Boden. Alle Muskeln sind ganz schlaff, ganz entspannt. Der Kopf liegt in einer geraden Linie mit dem Körper. Die Beine fallen hüftweit auseinander, die Arme liegen neben dem Körper, die Handflächen zeigen nach oben.
- Der Lehrer geht herum und „testet" die schlaffen Muskeln.
- Dann folgt eine kurze Fantasiegeschichte je nach Anlass/Jahreszeit.
- „Und nun verabschiede dich von dem Ort und komm mit deiner Aufmerksamkeit wieder ganz in diesen Raum zurück. Kreise Handgelenke und Fußgelenke, reck und streck dich wie nach einem langen erholsamen Tag und werde wieder ganz wach."
- Beginn mit Aufwärmübungen: Hampelmann, Hüpfen, auf der Stelle rennen, Schütteln des ganzen Körpers, Schwimmbewegungen, Kopfkreisen.
- Standübungen: Krieger I, II, III.
- Partnerübungen
- Gruppenübungen (Baumkette)
- Partnermassagen
- Endentspannung

Zu Beginn lernen die Kinder nach und nach mit Hilfe von Yogakarten einzelne Asanas und deren Namen kennen. Sie erlernen die Asanas einerseits durch Nachahmung, wenn der Lehrer die Übungen vormacht.

Andererseits aber auch durch das Anschauen der Karten und schließlich durch das Hören der Anweisungen.

Später kann man daraus diverse Spiele entwickeln.

Yogaspiele

Variante 1

Der Schüler zieht eine Karte, macht die Asana vor, die anderen müssen den Namen der Asana raten und sie nachmachen. Die Rolle der Spielleitung können die Kinder reihum übernehmen.

Variante 2

Lehrer zieht eine Karte und sagt den Namen, die Schüler müssen die dazugehörige Asana zeigen.

Variante 3

Musik läuft im Hintergrund. Wenn die Musik stoppt, müssen sich die Kinder in eine vom Lehrer oder von den Schülern bestimmte Asana verwandeln. Wenn die Musik wieder beginnt, geht es weiter bis zur nächsten Asana.

Yogageschichten

Variante 1: Vorlesen von Geschichten

Besonders schön ist es, den Schülern Geschichten vorzulesen, in denen Asanas vorkommen. Sobald die Schüler den Namen einer Asana hören, verwandeln sie sich in diese. Auch hier endet die Phase mit einer Endentspannung.

Variante 2: Entwickeln eigener Yoga-Geschichten

Diese Variante ist eher für die höheren Jahrgänge geeignet. Nachdem die Schüler so viele Asanas wie möglich kennengelernt haben, verfassen sie ihre eigene Yogageschichte. Während sie diese vorlesen, verwandeln sich die anderen Kinder in die entsprechend erwähnte Asana. Der Fantasie sind hier keine Grenzen gesetzt!

Vielmehr geht es um den kreativen Prozess des Schreibens, durch den die Schüler noch vertrauter mit den Yogafiguren werden.

Rückenmassagen, Ratespiele und Abklopfen

Gerade während der Massage-Einheiten, die viele Schüler ebenfalls schon aus der Grundschule kennen, gelten die bekannten Regeln von Wertschätzung und Respekt. Die Massagen sollen in erster Linie gut tun und Verbindung schaffen, sind aber auf keinen Fall mit Erwachsenenmassagen zu vergleichen.

Am Anfang sind gerade die Kinder, die noch keine Erfahrungen mitbringen, etwas schüchtern und zurückhaltend. Hier gilt, sie langsam und einfühlsam mit den Übungen vertraut zu machen und mit Schülern zusammen zu tun, die schon diesbezügliche Erfahrungen mitbringen.

Ratespiel

Sehr beliebt sind Ratespiele. Auf dem Rücken des Partners werden mit dem Finger Dinge gezeichnet, die der Partner erraten muss.

Alternative

Der Partner bewegt die Hände so, dass es einem Tierabdruck ähnelt. Die dazugehörigen Tiere werden erraten. Dann ist der andere an der Reihe.

Abklopfen

Die Technik wurde bereits weiter oben beschrieben. Sie kann jederzeit eingesetzt werden, um Muskelkater vorzubeugen oder zu energetisieren. Dabei ist es auch möglich, den Partner abzuklopfen, insbesondere das Abklopfen des Rückens ist hier sinnvoll.

Sämtliche Massagetechniken sollten aber erst eingesetzt werden, wenn die Schüler der AG sich bereits einige Zeit lang kennengelernt haben und das nötige Vertrauen vorhanden ist. Die Grundschulkinder sind meistens offener im Umgang mit Massagen und kennen diese Entspannungstechnik auch bereits häufig aus dem Unterricht. In der weiterführenden Schule würde ich dies nicht für den Unterricht, sondern vor allem für die Yoga-AG in einem entsprechend vertrauensvollen Rahmen vorsehen und empfehlen.

Erste Meditationen: Tratak

Tratak ist ein Hindi-Wort und bedeutet schauen, hinschauen.

Für diese sehr alte Meditationstechnik braucht man mehr Zeit und einen ruhigen Raum. Daher eignet sich diese Übung nur für die Yoga-AG.

So geht's:

Die Schüler sitzen im Kreis, in der Mitte steht in etwa ein bis zwei Metern Entfernung eine größere Kerze. Alle sitzen entspannt im Schneidersitz und atmen ruhig. Es wird nicht gesprochen.

Für eine Minute schauen alle mit geöffneten Augen in die Flamme. Das Ziel ist es, ohne zu blinzeln in die Flamme zu schauen.

Manchmal fangen die Augen an zu brennen oder sogar zu tränen, doch das ist ganz normal. Dann schließen sie die Augen und lassen das Bild der Kerze vor ihrem inneren Auge entstehen.

Nach einiger Zeit (im Ermessen des Lehrers und abhängig von der Lerngruppe, zu Beginn reichen zehn Minuten völlig aus) holt der Lehrer die Schüler wieder zurück in den Raum, sie öffnen wieder ihre Augen.

So wirkt's:

Diese Übung hilft, sich zu sammeln, erhöht die Aufmerksamkeit und stärkt die Konzentration. Außerdem baut diese sehr alte Meditationstechnik Stress ab. Gleichzeitig wird die Sehkraft verbessert und die Sehnerven beleben das Gehirn.

Gerade in der Schule sind die Schüler ständig vielen äußeren Reizen ausgesetzt. Tratak bringt sie wieder zu sich und lehrt sie, auf ihre Stimme zu hören und still zu werden.

Nur wenn es dem Geist gelingt, zur Ruhe zu kommen, ist er aufnahmefähig für neue Lerninhalte, gleich welcher Art.

6

Meditationen

Meditationen

Meditationskurse werden heutzutage von jedem wachstumsorientierten Unternehmen wie Google, der Deutschen Bank oder SAP angeboten.

Längst ist es wissenschaftlich erwiesen, dass Meditationen die Kreativität und die Konzentration erhöhen und damit auch die Produktivität. Steve Jobs hat meditiert und dann das iPhone erfunden.

Für die Schule gibt es natürlich etliche Einschränkungen: Es ist nicht unbedingt möglich, eine längere Zeit mit den Schülern im Unterricht zu meditieren, weil zum einen der Lehrplan drückt und zum anderen die Schüler auf ihren Stühlen nicht wirklich länger in einer Meditationshaltung sitzen können. Aber abgewandelt ist es durchaus möglich, kleine Meditationseinheiten in den Unterricht einzubauen.

Besonders gut eignet sich die *Sa Ta Na Ma-Meditation* aus dem Kundaliniyoga, die ich schon zigfach erprobt habe und die sich immer bewährt hat.

Sie kann vor einer Klassenarbeit eingesetzt werden, um die Konzentration zu erhöhen, oder aber nach einer Arbeit, um die Schüler auf andere Gedanken zu bringen.

Meditationen vor einer Klassenarbeit kommen bei den Schülern jedoch nicht immer so gut an, weil sie befürchten, dass ihnen dann die Zeit für die Arbeit fehlt.

Generell empfehle ich nach Klassenarbeiten immer erst eine kleine Fantasiereise und im Anschluss eine Meditation.

Sa Ta Na Ma

Sa Ta Na Ma wird nicht wie „Satan“ ausgesprochen, sondern mit einem scharfen „S“. Dies ist wichtig, um möglichen Irritationen im Vorfeld vorzubeugen. Daher ist es sinnvoll, den Schülern zunächst die Bedeutung der Silben zu erklären und vor der Durchführung auch gemeinsam zu sprechen. Sa = Geburt, Ta = Leben, Na = Tod, Ma = Wiedergeburt.

Sa Ta Na Ma ist ein Sanskrit-Wort und beschreibt den unendlichen Zyklus des Lebens.

So geht's:

Die Ausgangsposition ist eine aufrechte Sitzhaltung. Beide Handflächen zeigen nach oben.

Bei „Sa“ werden Daumen und Zeigefinger zusammengeführt und gepresst.

Bei „Ta“ werden Daumen und Mittelfinger zusammengeführt und gepresst.

Bei „Na“ werden Daumen und Ringfinger zusammengeführt und gepresst.

Bei „Ma“ werden Daumen und kleiner Finger zusammengeführt und gepresst.

Anschließend beginnt der Zyklus von vorn mit dem Zusammenführen von Daumen und Zeigefinger und so fort.

Diese Meditation, noch dazu, wenn sie mit geschlossenen Augen ausgeführt werden soll, ist für viele Schüler schwieriger, als man meinen sollte.

Über die Jahre habe ich herausgefunden, dass gerade die Schüler mit LRS oder anderen Aufmerksamkeitsdefiziten, Schwierigkeiten bei der Meditation haben.

Das hilft mir, um die Kinder entsprechend zu fördern und den Kindern, an ihren Defiziten zu arbeiten, denn häufig fällt ihnen erst dann auf, dass und auch was für Probleme sie haben.

Man kann diese Meditation zunächst ohne zu sprechen durchführen, weil auch dies schon einen Effekt auf das Gehirn hat.

Dann folgen weitere Durchgänge im Chor:

- Eine Minute lang laut sprechen
- Eine Minute lang flüstern
- Eine Minute lang innerlich
- Eine Minute flüstern
- Eine Minute laut

Am Ende dieses Durchgangs werden die Hände über dem Kopf ausgeschüttelt und nachgespürt.

So wirkt's:

Diese Meditation hilft sofort, sich zu entspannen und erhöht die Konzentration.

I am-Meditation

Während die oben beschriebene *Sa Ta Na Ma-Meditation* ohne Probleme auch im Unterricht durchgeführt werden kann, empfiehlt sich das für diese Meditation nicht unbedingt, sie ist eher für die Yoga-AG geeignet.

So geht's:

Die Ausgangsposition ist die aufrechte Sitzhaltung. Eine gerade Haltung einnehmen, wenn nötig auf einer Decke oder einem Kissen. Die rechte Hand liegt auf dem rechten Knie, die Handfläche zeigt nach oben. Die linke Hand wird vor das Herz, die Mitte der Brust geführt.

Dann folgt die Anweisung:

„Denke an all die Dinge, die du bist oder sein möchtest: Glücklich, zufrieden, gesund, erfolgreich, entspannt – alles, was dir einfällt. Und dann führe bei jedem Gedanken die linke Hand nach außen und wieder zurück zu deinem Herz, bei einem neuen Gedanken öffnest du den Arm wieder zur Seite und bringst die Hand dann wieder zurück. Finde deinen Rhythmus, während du dir innerlich alle Dinge aufzählst, die du bist oder sein möchtest."

Diese Meditation kann man mit Musik oder auch in Stille ausführen. Musik findet man im Internet zahlreich mit dem entsprechenden Titel, hier gilt es nur, dem eigenen Geschmack zu folgen. Die Meditation wird drei bis elf Minuten ausgeführt, je nach Schülergruppe.

Tratak-Meditation

Die Tratak-Meditation wurde oben bereits beschrieben. Sie eignet sich hervorragend für die Yoga-AG und alle Altersgruppen.

Meditationen für die Oberstufe

Generell gilt: Je älter die Schüler, desto länger können einzelne Asanas gehalten werden, und dies gilt ebenso für Meditationen.

Alle Meditationstechniken haben ein einziges Ziel: Den Meditierenden zur Selbstverwirklichung zu führen.

Es gibt bereits Schulen, die Meditationskurse in der Oberstufe eingerichtet haben. Ich erlebe häufig, dass ältere Schüler sehr dankbar für bewusste Pausen sind, in denen sie nicht sprechen müssen und sich so regenerieren können.

Zu Beginn würde ich angeleitete Meditationen empfehlen, ähnlich der Fantasiereisen, wie oben beschrieben.

Ein weiterer Schritt ist dann das Sitzen in Stille. Hier empfiehlt es sich, die Stille-Phasen sukzessive zu verändern. Man beginnt mit fünf Minuten und steigert den Zeitraum langsam von Stunde zu Stunde um weitere fünf Minuten bis zu 45 Minuten.

Allerdings sollte man dabei immer die eigene Veranlagung und die Bedürfnisse der Gruppe im Blick haben. Für manche ist Bewegung hilfreicher, um eine Entspannung zu erreichen. Meditationen oder das Sitzen in Stille kann sehr unangenehm sein, wenn man dies nicht vorbereitet oder auch einfach nicht der Typ ist, der auf diese Weise entspannen kann.

Daher sollte man die Länge der Meditationen behutsam und achtsam ausbauen.

7

Lachyoga

Lachyoga

Für besonders mutige Lehrer ist Lachyoga eine gute Möglichkeit, die Klasse zusammenzubringen. Wenn man einmal Lachyoga mit einer Klasse gemacht hat, hat man bei den Schülern den sogenannten Stein im Brett. Die Schüler werden diese Erfahrung nie vergessen und immer wieder einfordern, was man dann gleich als Belohnungsbonus für besonders gutes Verhalten, Fleiß etc. einsetzen kann.

Zugegebenermaßen habe ich auch lange gezögert, bevor ich diese Technik das erste Mal ausprobiert habe. Aber der Erfolg spricht für sich und das Experiment lohnt sich wirklich!

Natürlich darf auch das Lachyoga nur fünf bis maximal zehn Minuten dauern, doch diese Zeitspanne reicht tatsächlich.

Lachyoga (Sanskrit: Hasya) ist eine besonders einfache, schnelle und schöne Form, die Klasse zusammenzuschweißen und den Teamgeist zu stärken. Es handelt sich hierbei um eine besondere Form des Yoga, stammt aus Indien und besteht aus Klatsch-, Dehn- und Atemübungen.

Wie beim Yoga allgemein wird auch beim Lachyoga Stress abgebaut, das Immunsystem gestärkt und die Kreativität gesteigert. Hier gilt wie bei allen Yoga-Aktivitäten in der Klasse, dass ein grundlegendes Vertrauen vorhanden sein muss.

Erst wenn Schüler schon eine Zeit lang Erfahrungen mit Yogaübungen haben, sollte man das Lachyoga als weitere Entspannungsmöglichkeit für zwischendurch anbieten.

So geht's:

Der Lehrer und die Schüler stehen im Kreis.

Erster Schritt:

Der Lehrer gibt den Takt 1, 2, 123 klatschend vor und wiederholt das immer wieder. Beim Klatschen werden 40.000 Nerven in den Händen aktiviert. Dann kommt Bewegung dazu: Alle gehen gemeinsam klatschend durch den Raum und schauen sich an. Schließlich wird zu den Lachsilben HoHoho, Hahaha geklatscht.

Zweiter Schritt:

Alle stehen wieder im Kreis. Einatmend werden die Arme nach oben gestreckt und mit einem lautem „Hach!" ausatmend lässt man sich vorgebeugt nach unten hängen und bleibt so. Beim nächsten Strecken und Dehnen nach hinten wird der Atem ein paar Sekunden angehalten und dann lässt man sich ausatmend wieder nach unten aushängen. Mehrfach wiederholen.

Dritter Schritt:

Alle stehen weiterhin im Kreis, klatschen in die Hände und rufen: „Sehr gut! Sehr gut! Yeah!!!“ (Die Arme werden nach oben gerissen.) Mehrfach wiederholen.

Vierter Schritt:

Sich gegenseitig begrüßen, indem alle durch die Klasse gehen und sich gegenseitig die Handflächen kitzeln.

Fünfter Schritt:

Alle treffen sich wieder im Kreis. Der Lehrer führt ein paar pantomimische Übungen vor, wie Augen rollen, Grimassen schneiden und die Schüler ahmen diese nach. Schließlich beginnt der Lehrer mit den Lachsilben und klatscht sich dabei auf die Schenkel. Die Schüler stimmen ein. Nach ein paar Minuten beenden und in Stille zurück auf die Plätze gehen.

So wirkt's:

Die Wirkung dieser einfachen Übungen für Schüler, Lehrer und die Klassengemeinschaft ist enorm. Die Schüler werden Lachyoga nach einem ersten Kennenlernen vermutlich immer wieder einfordern, es sollte dann als Belohnungsritual eingesetzt werden.

Lachyoga ist ein gutes Beispiel für einen Unterricht, in dem der Lehrer sich nach den Stunden, in denen er Yoga- und Entspannungsübungen mit den Schülern geübt hat, besser fühlt als vorher. Auch den Schülern geht es besser nach diesen kleinen Einheiten, und ich konnte beobachten, dass sie ihre Leistungsbereitschaft proportional steigern.

Die ausgleichenden Auswirkungen der Yogaübungen auf die Lehrkraft übertragen sich auf die Schüler und es entsteht eine Wechselwirkung,

die in einer Atmosphäre gegenseitigen Respekts zu mehr Fokussiertheit im Unterricht führt.

Diese positiven Phänomene konnte ich während meiner langen Dienstjahre an allen Schulformen, im In- und Ausland gleichermaßen feststellen – Yoga in der Schule funktioniert immer!

Und darum sollte es doch eigentlich gehen: Die Schule als einen Ort zu betrachten, an dem man sich wohl fühlt, sodass sich Konzentration und Leistungsfähigkeit von selbst einstellen.

Die Realität sieht jedoch leider anders aus: Die bisher größte Studie zur Arbeitsbelastung von Lehrern (LaiW) aus dem Jahr 2020 zeigt, dass 66 % der Lehrer angaben, im Schulalltag keine Möglichkeit haben, zur Ruhe zu kommen. Es fehlt an Ruhezonen und regenerierenden Pausen.

Yoga in der Schule mit den vielen alternativen Entspannungsmöglichkeiten ermöglicht es Lehrern und Schülern gleichermaßen, durchzuatmen, zur Ruhe zu kommen und sich Ruhe-Inseln zu schaffen – eine dringend notwendige Maßnahme, um in einem Schulalltag, in dem die Herausforderungen für Lehrer kontinuierlich umfänglicher und schwieriger geworden sind, gesund zu bleiben.

Helfen kann aber auch ein Selbstfürsorge-Programm, wie es im Folgenden beschrieben ist.

8

Selbstfürsorge für einen entspannten Unterricht

Selbstfürsorge

Selbstfürsorge ist für einen entspannten Unterricht unabdingbar. Nur wenn ich selber entspannt und ausgeglichen bin, mich gut und gesund fühle, kann ich mich voll auf die Schüler einlassen.

Leider sind die Aufgaben und Herausforderungen im Lehrerberuf in den letzten zwanzig Jahren derart gestiegen, dass es heute kaum jemand mehr bis zur Pensionierung schafft, eine volle Stelle auszuüben.

Gerade die sehr engagierten Lehrer nach dem Referendariat sind eine äußerst gefährdete Gruppierung, aber auch alle anderen sogenannten Idealisten, die den Lehrberuf gewählt haben.

Das Gefühl, nie zu reichen, immer noch mehr aufgebürdet zu bekommen und keine Ressourcen mehr für ein Privatleben zu haben, dazu die ständige Erreichbarkeit und zunehmende Gefahr des Cybermobbings durch Schüler sind sehr ernstzunehmende Themen.

Tatsächlich sind aber die Schüler nicht der Feind des Lehrers, sondern vielmehr sind die Schüler auf die Liebe und Fürsorge des Lehrers angewiesen.

Ein erster Schritt an dieser Stelle ist, sich zu vergegenwärtigen, wie wichtig es ist, sich selbst Gutes zu tun. Nur so hat man wirklich genug Ressourcen für die Schüler und läuft gar nicht erst Gefahr, sich als Opfer der Umstände beziehungsweise des Systems zu fühlen.

Auf meinem Schreibtisch steht schon seit Jahren folgende Postkarte:

Hinter jedem lebensfrohen Kind steht eine Lehrerin, die ihre Arbeit mit viel Liebe macht.

Doch um seine Arbeit mit viel Liebe auszuüben, muss man auch Liebe für sich und seine Arbeit spüren.

Die Yogaübungen, die ich seit vielen Jahren zu Beginn des Unterrichts als Begrüßungsritual durchführe, haben einen derart positiven Effekt, dass nicht nur die Schüler und der Unterricht davon profitieren, sondern auch die Lehrkraft.

Dies spüre ich nicht nur bei mir selbst, indem ich viel weniger unter Kopf- und Rückenschmerzen leide, sondern sehe es auch bei den vielen Referendaren, Fremdsprachenassistenten und Praktikanten, die bereits meinem Unterricht beiwohnten und immer wieder gleichermaßen dankbar und erstaunt über die positiven Effekte dieser wenigen Übungen zu Beginn des Unterrichts waren.

Selbst diejenigen, die zu Beginn befürchteten, dass ihnen am Ende die Zeit für den Unterrichtsstoff fehlen würde, waren immer wieder erstaunt, dass dies nie der Fall war.

Die Konzentriertheit und Achtsamkeit nach den Yogaübungen sorgt für eine derart ruhige Unterrichtsatmosphäre, dass die Unterrichtsziele immer erreicht werden – und meistens sogar früher, besser und zufriedenstellender!

Selfcare-Tipps für Lehrer

Fühl dich wohl!

Als korrekturgeplagte Lehrerin weiß ich, wie belastend Korrekturen sein können beziehungsweise sind. Daher habe ich mir schon vor vielen Jahren ein Trampolin fürs Arbeitszimmer gekauft. Wann immer es geht, mache ich eine Springpause. So steigt der Energiepegel sofort wieder an und die Laune auch. Danach geht es gleich wieder viel besser mit den Korrekturen!

Weitere hilfreiche Tipps:

Bewegen! Jede Bewegung des Körpers ist heilsam!

Dehnen und Strecken des Körpers!

Tanzen! Lieblingsmusik auswählen und tanzen:
Den Weg zur Schule, den Weg nach Hause, den Weg von Klasse zu Klasse, in der Pause … tanzen!

Die gute Laune stellt sich von ganz alleine ein.

Playlists erstellen und mitsingen!

Lachen! So oft es geht!

Keine Belohnungen von außen erwarten. Stattdessen sich selbst belohnen, jeden Tag!

Belohnungen können sein:

- Ein Blumenstrauß
- Ein heißes Bad nehmen
- Gartenarbeit
- Joggen gehen
- Besuch in der Sauna
- Zeit mit Haustieren verbringen
- Sich Zeit für die Kinder / Familie nehmen
- Einfach mal eine Pause machen und genießen
- Grenzen ziehen und auch mal „Nein!" sagen
- Ein heißer Kaffee
- Ein Stück Kuchen
- Bewusst ausatmen!
- Tagträumen
- Sich auf das Positive fokussieren!
- JETZT glücklich sein!

Wichtig ist bei all dem, diese bewussten Belohnungen **täglich** einzusetzen. Wirklich jeden einzelnen Tag und ganz bewusst zu sagen: Jetzt und hier tue ich mir etwas Gutes! Ich bin kein Opfer, ich habe mir meinen Beruf ganz bewusst ausgewählt und möchte diesen auch noch lange gesund ausüben.

Das System Schule, das Gesellschaftssystem, die Dynamiken um einen herum kann man nicht ohne weiteres ändern, aber man kann bei sich anfangen, um seine Energie zu verändern, sein Leben zu verändern. Dazu muss man sich weder in Krankheit flüchten noch in Ärger. Es reicht schon, sich täglich bewusst etwas Gutes zu tun und sich diese Zeit auch in seinem Wochenkalender zu notieren.

Ich schreibe mir alle beruflichen Termine ebenso in den Kalender wie Joggen, Yoga oder generell Zeit für mich und verwalte diese Zeitinsel wie jeden anderen wichtigen Termin. Nur wenn ich mich gut fühle, fühlen sich auch meine Mitmenschen wohl.

Eine Praxis, die mir über viele Jahre auch sehr lieb geworden ist, ist das Yoga Nidra, der Schlaf des Yogi. Dabei handelt es sich meines Erachtens um eine gleichermaßen einfache wie wichtige Maßnahme zur Gesunderhaltung.

Yoga Nidra

Yoga Nidra, der yogische Schlaf, ist weit mehr als eine Entspannungsübung. Der Schlaf des Yogi erfrischt den Körper und versetzt das Gehirn in einen Zustand vollbewusster Ruhe.

Swami Prakashananda Saraswati,
Leiterin des Satyanada Yoga Ashrams in Deutschland

Yoga Nidra ist eine yogische Form der Tiefenentspannung bei vollem inneren Bewusstsein.

Yoga Nidra hilft bei:

- Allgemeiner Nervosität
- Innerer Anspannung
- Gereiztheit
- Muskelverspannungen
- Schlafstörungen
- Bluthochdruck
- Anspannung der Herzgefäße
- Asthma
- Suchterkrankungen
- Neurotischen Störungen wie Depressionen und Angststörungen

Wie Yoga Nidra wirkt:

- **Eine bessere Körperwahrnehmung stellt sich ein.**
- **Das Gehirn wird harmonisiert.**
- **Der Atem beruhigt und vertieft sich.**
- **Verbesserte Durchblutung des Körpers.**
- **Der Schlaf wird erholsamer.**
- **Der sogenannte sechste Sinn wird geschult.**
- **Gleichmut entwickelt sich.**
- **Stärkung des Immunsystems.**
- **Alterungsprozesse des Gehirns verlangsamen sich.**
- **Die Konzentration und allgemein die Gedächtnisleistung erhöhen sich.**

Auf dem Markt gibt es inzwischen zahlreiche CDs, mit denen man Yoga Nidra praktizieren kann. Ich habe sogar selbst eine eigene Yoga Nidra CD aufgenommen.

Für Yoga Nidra nimmt man eine liegende Position ein, verwendet ein Augenkissen und am besten Kopfhörer. In dieser sehr entspannten Haltung wird man dann 30-45 Minuten lang durch den Körper geführt.

Je nach Geschmack mit Meeresrauschen, einem Musikinstrument oder ganz ohne Hintergrundgeräusche.

Mit Schülern habe ich diese Praxis bisher noch nicht ausprobiert, sehr wohl aber die Entspannungstechniken nach Jacobsen, bei denen man die Muskeln erst anspannt, dann bewusst loslässt und nach und nach alle Körperteile durchgeht und bewusst entspannt.

Für Schüler eignen sich meines Erachtens eher kurze Fantasiereisen, wie oben beschrieben.

Ausblick

Yoga gehört in die Schule! Damit die Schule ein Ort des Wohlbefindens und bewussten Lernens wird, so dass jeder Schüler die Möglichkeit hat, sein Potential voll zu entfalten.

Somit kann die Schule zu einem Ort des gemeinsamen Lernens und Lebens, des Teilens, Zuhörens und gemeinsamen Wachsens, der Empathie und der Freude werden.

Die Schule als ein Ort, an dem sich alle Akteure gerne aufhalten und ihr Bestes geben. Die Schule als ein Ort bewussten Sehens und Wahrnehmens, ein Ort, an dem Talente gesehen werden und sich entfalten können.

Und sogar während des Homeschoolings hat sich Yoga im Online-Unterricht bewährt. Aufgrund der Tatsache jedoch, dass häufig zu Beginn viel Zeit mit der Überprüfung der Anwesenheit verloren geht, empfehle ich das Online-Yoga allerdings tatsächlich mehr als kleine Verschnaufpause für zwischendurch.

Die Schüler sind aufgrund des ungewohnten langen Arbeitens am Bildschirm außerordentlich dankbar dafür. Somit hilft Yoga im schulischen Kontext vor allem, die Schüler-und Lehrergesundheit zu erhalten.

Yoga in der Schule ist eine Möglichkeit, sich und anderen kleine Glücksinseln im oft so stressigen Schulalltag zu verschaffen.

Das alles kann Yoga in der Schule.

Bibliographie

Appel, Jennie; Grosser, Dirk: *Du bist nie allein. Meditationen und Fantasiereisen, die Kinderseelen stark machen*. Schirner Verlag, Darmstadt 2016

Aurobindo, Sri: *Letters on Yoga*. Sri Aurobindo Ashram 1958

Baptiste, Baron: *Daddy is a Pretzel. Yoga for Parents and Kids*. Barefoot Books Ltd., Concord 2004

Chanchani, Swati + Rajiv: *Yoga for Children. A Complete Illustrated Guide to Yoga, Including a Manual for Parents and Teachers*. UBSPD DESIKACHAR T.K.V. 1995

Feuerstein, Georg: *Die Yoga Tradition. Geschichte, Literatur, Philosophie und Praxis*. 2. Aufl., Yoga Verlag GmbH, Wiggensbach 2008

Friebel, Volker; Erkert, Andrea; Friedrich, Sabine: *Kreative Entspannung im Kindergarten*. Lambertus Verlag, Freiburg/Breisgau 1998

Goldstein, Nicole; Quast, Marianne; Göpfert, Rolf: *Stille Träume*. Verlag an der Ruhr, Mülheim/Ruhr 2007

Graf-Aust, Rita: *Yoga Märchen*. Yogi Press Sat Nam Media, Gross-Umstadt 2008

Haller, Reinhard: *Das Wunder der Wertschätzung. Wie wir andere stark machen und dabei selbst stärker werden*. Gräfe & Unzer, München 2019

Iyengar, B.K.S.: *Licht auf Yoga. Das grundlegende Lehrbuch des Hatha-Yoga*. 7. Auflage, O.W. Barth Verlag, München 1993

Jois, S.K.P.: *Yoga mala*. North Point Press 2010

Kabat-Zinn, Jon: *Im Alltag Ruhe finden. Meditationen für ein gelassenes Leben*. 2. Aufl., Knaur MensSana TB, München 2019

Khalsa, Shakta Kaur: *Fly like a butterfly. Yoga for Children*. 9. Aufl., Shining Circle, Inc, Sterling 1998

Krishnamurti, Jiddu: *The Whole Movement of Life is Learning. Letters to Schools*. CRAFT 2015

Patanjali: *Die Wurzeln des Yoga. Die klassischen Lehrsprüche des Patanjali*. 7. Aufl., O.W. Barth Verlag, München 2010

Pilguj, Sabina; Altmeyer, Maria-Regina: *Yoga mit Kindern. Zum Auspowern, Entspannen und Runterkommen.* Urania Verlag, Freiburg/ Breisgau 2017

Proßowsky, Petra: *Hokus Pokus Asana. Yogaspiele für jeden Monat des Jahres.* Aurum Verlag, Freiburg/Breisgau 2009

Proßowsky, Petra: *Kinder entspannen mit Yoga. Von der kleinen Übung bis zum kompletten Kurs.* Verlag an der Ruhr, Mülheim/Ruhr 2007

Proßowsky, Petra: *Traumgeschichten.* 5. Aufl., Auer Verlag, Hamburg 2014

Schneider, Monika; Schneider, Ralf: *Bewegen und Entspannen nach Musik: Rhythmisierungen, Bewegung und Ausgleich in Kindergarten und Unterricht.* Verlag an der Ruhr, Mülheim/Ruhr 1998,

Singelton, Mark: *Yoga mit Kindern. Spielerische Freude an gemeinsamen Übungen mit kompetenter Anleitung Step by Step.* 3. Aufl., Nymphenburger Verlag, München 2004

Trökes, Anna: *Yoga Nidra, Die Yoga-Tiefenentspannung,* 7. Aufl., Gräfe & Unzer Verlag, München 2014

Yogananda, Paramahansa: *Autobiography of a Yogi.* Yogoda Satsanga Society of India, Jharkhand 1998

Internet

www.ananda.org
www.ayl.com
www.ayri.org
www.findyoga.com
www.krishnadas.com
www.kym.org
www.lehrer-online.de
www.sivananda.org
www.kundaliniyoga.org
www.bksiyengar.com
www.yoga.com
www.yoga.net.au

Zur Autorin

Alexa Albrecht, wohnhaft in Düsseldorf, ist praktizierende Yogini, Gymnasiallehrerin sowie international zertifizierte Yogalehrerin.

Sie leitet Yoga-AGs und unterrichtet auch generell Yoga an Schulen. Sie bildet darin auch Lehrkräfte aller Schulformen weiter.

Durch ihr Netzwerk und Aufenthalte in Yoga-Ashrams sowie weltweiten Yogaretreats ist Alexa Albrecht aktiver Teil der Yoga lehrenden Community, die allein in Deutschland Millionen von Menschen bewegt.

Danksagung

Danke möchte ich allen jenen Kollegen sagen, die mich dazu ermutigt haben, mein Wissen und meine Erfahrungen in Form eines Buches weiterzugeben.

Ich möchte auch all meinen Yogalehrern der letzten mehr als zwanzig Jahre danken und der Tatsache, dass ich diesen Yogaweg schon so lange mit Liebe und Hingabe gewählt habe und sicher immer weiter gehen werde.

Ich möchte meiner Verlegerin Dr. Beate Forsbach danken, dass sie dieses außergewöhnliche Buchprojekt auf die Welt gebracht hat.

Außerdem möchte ich meiner Freundin und Mentorin Astrid Krömer danken, die mich mit ihren Literaturprojekten in der Schule schon viele Jahre begleitet und stets ermutigt hat, über meine vielfältigen Erfahrungen mit Yoga in der Schule ein Buch zu schreiben. Nicht zuletzt dank ihrer Begeisterung über die besonderen Yogaklassen in der Schule ist dieses Buch zustande gekommen.

Und schließlich möchte ich meiner Freundin Julie Thomas für ihre wunderbaren Zeichnungen zu diesem Buch danken.

Namasté!

MIX
Papier | Fördert gute Waldnutzung
FSC® C083411

Zeitfracht Medien GmbH
Ferdinand-Jühlke-Straße 7
99095 Erfurt, Deutschland
produktsicherheit@kolibri360.de

MIX
Papier | Fördert gute Waldnutzung
FSC® C083411

Zeitfracht Medien GmbH
Ferdinand-Jühlke-Straße 7
99095 Erfurt, Deutschland
produktsicherheit@kolibri360.de